Klaus Berger / Andreas Fritzsche
Gut oder böse?

Klaus Berger / Andreas Fritzsche

Gut oder böse?

Tugenden. Maßstäbe für richtiges Handeln.

Verlagsgruppe Random House FSC-DEU-0100
Das FSC-zertifizierte Papier *EOS* für dieses Buch
lieferte Salzer, St. Pölten.

© 2010 der deutschen Ausgabe by adeo Verlag
in der Gerth Medien GmbH, Asslar,
Verlagsgruppe Random House GmbH, München

1. Auflage 2010
Bestell-Nr. 814 221
ISBN 978-3-942208-21-5

Umschlaggestaltung: Buttgereit & Heidenreich, Haltern am See
Umschlagillustration: Dennis Bügüs
Satz: Marcellini Media GmbH, Wetzlar

Inhalt

1. Auf den Weg 7

I. Schritt: Das Fundament

2. Gut und böse 18
3. Vertrauen 31
4. Ist der Mensch wirklich frei? 37
5. Gewohnheit und Charakter 46
6. Tugend und Laster 56
7. Wozu ist der Mensch auf Erden? 62
8. Wer ist ein glücklicher Mensch? 68

II. Schritt: Auf dem Weg

9. Wie erziehen wir unsere Kinder? 74
10. Hängen die Tugenden miteinander zusammen? . . 83
11. Rechenschaft ablegen – Verantwortung 92
12. Gelassenheit 100
13. Können wir das Gute allein schaffen? 106
14. Freude und Leichtigkeit im guten Handeln 112
15. Überforderung – Unterforderung 119

III. Schritt: Das Ziel

16. Was macht uns kaputt? 126
17. Wie weit darf der Trieb zur Selbsterhaltung gehen? 136
18. Von der Erkenntnis zum Handeln 142
19. Vernunft und Leidenschaft 146
20. Ziel ist nicht die schöne Seele, sondern der Mensch in der Herrlichkeit Gottes . . 150
21. Woher nehmen wir die Kraft, gut zu sein? 153
22. Finale 155

IV. Ethik ganz praktisch

23. Ethik im Beruf oder Berufsethos 158
24. Zeitmanagement 163

1
Auf den Weg

Klaus Berger und Andreas Fritzsche im Gespräch über gut und böse, Tugend und Sünde, Optimismus und Realismus, Griechen und Hebräer

Berger: Philosophie ist mir oft zu abstrakt. In Wirklichkeit ist es gar nicht möglich, das Handeln des Menschen eindeutig als gut oder böse einzuordnen. Es ist immer beides zugleich. Das gilt auch für die Schöpfung im Ganzen und Gott selbst sagt es von seinem Werk.
Es gibt eine alte Rabbiner-Geschichte zu 1. Mose 1, Vers 31. Alles, was Gott geschaffen hat, wird jeweils kommentiert: „Und Gott sah es und es war gut." Da meint der Rabbi: „Diese Worte kommen aus einem guten Antrieb heraus. Doch wenn ich sage: ‚Und siehe, es war sehr gut', ist das der Anfang des Bösen." Da staune ich.
Und er fährt fort: „Diese Stelle will dich lehren, dass ohne den bösen Trieb niemand ein Haus gebaut, eine Frau geheiratet, Kinder gezeugt hätte oder Handel getrieben worden wäre."
Böses Streben und gutes Streben folgen immer aufeinander. Ein „sehr gut" wäre totalitäre Verstiegenheit. Alles Lebendige ist immer weder weiß noch schwarz, sondern grau. Liebe und Hass, Lustvolles und Großartiges gehen immer Hand in Hand. Sonst verliert man den Sinn für die Realität. Und genau das wäre teuflisch, der Anfang des Übels. Wir möchten immer wieder gut und böse klar trennen. Das gebrauchen wir besonders gerne zur Beurteilung von Menschen. Etwa

wenn wir urteilen: „Das ist eine böse Frau", „Das ist ein guter Mann". Aber vergessen wir nicht, die „Ethik" ist nicht dazu da, andere Menschen abzuurteilen, auch nicht dazu, unsere eigenen Handlungen als „gut" darzustellen. Wozu taugt also überhaupt die Unterscheidung in gut und böse? Dazu gibt uns die rabbinische Stelle wichtige Hinweise.

Denn sie sagt: Die Schöpfung selbst ist nicht perfekt. Das sagt der Schöpfer selbst. Er findet sein Werk „gut", aber nicht sehr gut. Denn vieles in der Schöpfung läuft einfach noch nicht so, wie Gott sich das vorgestellt hat. Man denke nur an die Erdbeben. Nein, die Schöpfung ist noch nicht fertig. Schöpfung dauert etwas länger. Der Dichter Reinhold Schneider hat in seinem Buch „Winter in Wien" die offenkundigen Grausamkeiten der Natur beschrieben. „Sehr gut" nennt das Schöpfungswerk nur der Verfasser des Schöpfungsberichtes.

Aber wenn Gott selbst sein Werk nur „gut" findet, um wie viel weniger Anlass hat dann ein Mensch, seine eigenen Werke „super" zu finden. Erst recht unsere eigenen Handlungen sind nicht einfach gut. Sie sind zumeist gemischt aus Tadelnswertem und aus Lobenswertem, aus Egoismus und Nächstenliebe, aus Gehorsam und Selbstsucht, aus Stolz und Demut.

Wozu aber dann, wenn das alles so gemischt ist, noch die Rede von gut und böse? Sie sind Leitsterne. Sie sollen uns helfen, unseren Kurs zu korrigieren, bevor wir handeln. Sie sollen uns nicht loben, sondern zur Selbstkritik verhelfen.

Gott tröstet uns gegenüber der Verzweiflung, dass wir doch nicht gut sind. Und kein perfektes Werk zustande bringen. Man sollte das auch offen sagen. Ein schönes Beispiel ist für mich der Dom von Arezzo in Italien. Er ist wirklich wun-

derschön, aus weißem gefälligem Stein errichtet, die Rundbögen sind perfekt, alles ist mathematisch genau. Nur eine kleine Säule steht schief, und das fällt auf. Die Steinmetze haben sie dort so hingesetzt, um zu sagen: Trotz aller Schönheit – wir wissen, dass es nur Menschenwerk ist.
Um es mit Nachdruck zu sagen: Die Rede von gut und böse soll uns nicht stolz machen, sondern demütig. Gott ist uns da mit seiner Demut vorausgegangen.
So gibt es auch im Neuen Testament das Wort „Tugend" gar nicht; nur von der Frucht des Geistes ist die Rede (Galater 5,22).

Fritzsche: Das sehe ich anders. Nur nachts sind alle Katzen grau. Wir können, falls wir es überhaupt wollen, durchaus zwischen gut und böse, zwischen Täter und Opfer unterscheiden. Wir brauchen auch Maßstäbe zur Unterscheidung von gut und böse oder wir fallen in einen Relativismus und machen alles „gleich gültig". Das betrifft auch die Tugenden und Laster, die Haltung, den Charakter. Wir müssen uns stets vergewissern und die Augen offen halten: „Was bin ich? Was kann ich?" Hier geht es um Charakter und Kompetenz. „Sind meine Gewohnheiten gut oder schlecht? Wie fest und belastbar ist mein Wille?"

Berger: Wenn die griechischen Philosophen über das Gute reden, dann ist mir das wirklich zu abgehoben. Im Neuen Testament geht es um eine Person. Immer wieder sagt Jesus: „Mich müsst ihr anschauen." Auch Paulus liefert kein abstraktes System, sondern spricht von der Aufgabenverteilung in der Gemeinde.

Fritzsche: Die Griechen haben eine kleine Macke, denn sie müssen immer wetteifern und kämpfen. Die Frage „Wen liebt Gott?" klären die Griechen in Olympia – und zwar beim sportlichen Wettkampf. Den Schnellsten liebt Zeus. Überall suchen sie den Besten (*aristos*), den Götterliebling, und darum gibt es auch immer wieder Wettkämpfe: im Sport, im Theater und bei der Eroberung der Welt. Daran hat sich bis heute nichts verändert: in der Schulkasse, in der Marktwirtschaft, im Film – überall zählt die olympische Höchstleistung. Das führt dazu, dass nur die Besten scheinbar die Guten sind – und das ist nicht wirklich gut.

Das spricht aber noch nicht gegen eine abstrakte Betrachtung, und darin sind die Griechen so stark, dass selbst das Neue Testament auf Griechisch verfasst wurde. Bei uns Philosophen lernt man die Unterscheidungen. Erstens: Der *Pathos* (Gefühl, Leidenschaft, Stimmung, Emotion) bringt Bewegung, er ist *Treiber* (Freude, Lust, Zorn) und auch *Bremser* (Angst, Trägheit). Zweitens: Der *Logos* (Wort, Sprache, Denken, Sinn, Vernunft) steuert, bezeichnet etwas, das bekannt ist, und er kann zügeln. Drittens sprechen wir vom *Ethos,* und damit meinen wir Gewohnheit, denn Handlungen hinterlassen Spuren in uns – eben Gewohnheiten. Dazu gehören auch das Brauchtum einer größeren Gruppe (z. B. Karneval im Rheinland) und die Moral eines Volkes. Und dann sprechen wir viertens von den *Tugenden* und meinen so etwas wie Klugheit (wir denken, um handeln zu können), Gerechtigkeit (das Verhalten gegenüber anderen will gestaltet sein), Mut oder Tapferkeit und Maß (die Gestaltung der Emotionen). Zum Handeln gehört schließlich der *Wille*, der Impuls, tatsächlich das Böse zu meiden und das Gute zu tun.

Berger: Genau das nennt man den „sokratischen Kurzschluss". Als ob aus der Erkenntnis des Guten schon das gute

Handeln folgte. Paulus schildert diese Erfahrung in seinem Brief an die Römer (7,19–21). Er hat zwar die Einsicht, gelangt aber nicht zum entsprechenden Handeln. Er will das Gute tun, aber immer kommt etwas Verkehrtes dabei heraus. Erkenntnis und Handeln decken sich einfach nicht. Die Antwort darauf ist jedoch keine rationale Analyse der Frage, wie es zum entsprechenden Handeln kommt, sondern die Orientierung an den „Kräften", die Gott in den Menschen hineingelegt hat: Glaube, Hoffnung und Liebe nennt man deshalb auch die „eingegossenen Tugenden". „Eingegossen" von außen her, von Gott her, in einer Art Inspiration. Der Rationalismus der römischen Kaiserzeit wird dabei durchaus mit einem gewissen Maß an irrationaler Transzendenz beantwortet.

Dabei werden diese Kräfte jeweils in einer bestimmten Reihenfolge genannt. Ihre Beziehung zueinander entspricht der von Großmutter, Mutter und Tochter. Der Glaube ist die Großmutter, die Liebe die Enkelin. Dabei bedeutet Glaube hier die Grundeinstellung zur Wirklichkeit Gottes, das Stehen in einer erweiterten Wirklichkeit. Glauben besteht darin, dass ein Stück des Erhofften schon wirklich ist (nachzulesen in Kapitel 11 des Hebräerbriefes). Wenn man in diesem Lichtschein steht, kann das Leben gelingen. Hoffnung bedeutet die Entscheidung für ein unsichtbares Gut; die Hoffnung hat, biblisch gesehen, mit Zukunft nichts zu tun. Liebe steht am Schluss – als die Konsequenz aus allem. Liebe meint hier den Willen zum Einssein, sie ist Einheit zwischen Gott und den Menschen und den Menschen untereinander. Glaube, Hoffnung, Liebe sind reine Gaben Gottes und man kann sie sich nicht „antrainieren". Sie haben einen fremden

Ursprung und ein fremdes Ziel; es geht hier nicht um eine Kompetenz, die man erwerben könnte.

Wenn wir über diese Tugenden sprechen, wird klar: Von Selbsterlösung kann keine Rede sein. Alles wirklich Wichtige wird dem Menschen geschenkt. Er verdankt es nicht sich selbst.

Fritzsche: Umso wichtiger sind für uns die „erworbenen Tugenden", die wir nicht geschenkt bekommen, sondern uns durch Lebensführung, durch Praxis, aneignen. Aristoteles sagt zu diesen Tugenden: Man braucht gute Freunde und viel Training. So kann man klug, gerecht, couragiert und maßvoll werden. Und in diesem Sinne gilt dann: Das Handeln folgt dem Sein. Gutes Handeln führt zu einem guten Charakter, aus dem dann wiederum ein gutes Leben hervorgeht.

Berger: Aber woher nimmt jemand die Kraft zum „guten Handeln"? Paulus würde sagen: Die größte Kraft kommt aus Freude und Leichtigkeit. Und diese entstehen aus einer ganz neuen Lebensart des Menschen. Der Mensch muss jetzt nicht mehr scheitern. Denn es steht fest: Man kann leichter handeln, wenn man es mit Freude tut. Eine Schwester der Freude ist die Dankbarkeit; man kann sich nicht selbst dankbar sein. Kern der Dankbarkeit ist das Bewusstsein, geliebt zu sein.

Gibt es eine philosophische Antwort auf die Frage: Welche Rolle spielt das Böse bei der Entfaltung des Menschen? Damit komme ich auf die Geschichte vom Rabbi zurück. Das Böse ist da. Die Frage ist, was daraus wird. Im besten Falle ist wohl das Böse der Stachel, der zum Guten antreibt.

Fritzsche: Braucht der Mensch Gott, um tugendhaft zu handeln?

Berger: Bibel und Christentum sind nicht primär im Zusammenhang mit Moral zu sehen. Die biblische Religion will nicht einfach die Moral heben, die Menschheit verbessern. Das Christentum hat nie einen Fortschritt in dem Sinne versprochen, dass es jedes Jahr bessere Menschen gäbe. Es geht zunächst und grundsätzlich darum, dass der Mensch in Gott geborgen ist und von daher dann auch die Kraft hat, human zu handeln, aber auch mit Fehlern fertig zu werden. Denn, wie gesagt, seine Taten sind grau.

Wenn wir alles betrachten, werden die Unterschiede klarer:

Griechische Philosophie	*Die Bibel*
Selbsterlösung	Fremderlösung
Das Maß ist Grundlage der Tugenden	Maßlosigkeit ist Grundlage der Tugenden
Kontrollierte Triebe und Leidenschaften	Leidenschaft für den Himmel
Hilfe: Freunde, Übung, Training, Technik	Hilfe: Rettung Gottes – Glaube, Hoffnung, Liebe
Ziel: gelingendes Leben	Ziel: himmlische Kirche Ziel: „Verschone mich" *(parce mihi)*
Ziel: die schöne Seele *(kalokagathia)*	Ziel: Nachfolge in Niedrigkeit
Sinn des Lebens: Gerechtigkeit	Sinn des Lebens: Anbetung Gottes
Gerechtigkeit – jedem das Seine	Gerechtigkeit – dem Anderen ermöglichen, dass er mit mir zusammenleben kann

Griechische Philosophie	Die Bibel
Im Erfolgsfall: ganzheitliche Bildung	Im Erfolgsfall: Heilige
Günstige Umstände erleichtern das tugendhafte Leben	Glaube, Hoffnung, Liebe geben die Kraft, die anderen Tugenden zu leben
Leitbild: der Mensch, der schön und gut ist	„Wir brauchen dein Erbarmen"; Versöhnungsreligion (nicht primär Erlösungsreligion) – Versöhnung mit Gott und Miteinander
Liebe: Eros, Sexualität – Mann und Frau werden eins	Liebe: Versöhnung der Völker (z. B. Juden und Heidenchristen) Christus – Kirche
Ethik der Aristokraten	Ethik der Bedrängten
Gottähnlichkeit	Gott gehören

Der Anfang der Weisheit ist die Ehrfurcht vor Gott. Berufe und Funktionen spielen in der Bibel keine Rolle.

Fritzsche: Uns Philosophen interessiert das Miteinander der Menschen in konzentrischen Kreisen: Familie – Freundschaft – Staat. Da spielt es schon eine Rolle, ob der andere meine Ehefrau, mein Kollege, ein Bürger Goslars oder ein Erdbebenopfer aus Chile ist. Für wen bin ich verantwortlich?

Berger: Im Alten Testament, speziell in der Weisheitsliteratur, geht es auch um einen gemeinschaftlichen Begriff von Gerechtigkeit oder das Miteinander in einer Stadt. Im Neuen

Testament dagegen überwiegen die Texte, die von Wanderpredigern reden.

Fritzsche: Das Neue Testament scheint häufiger von utopischen Forderungen zu leben. Das verträgt sich nicht gut mit dem Realismus eines Aristoteles. In der Bibel sind die Regeln für Führungspositionen zum Beispiel wirklich anders als überall sonst in der Welt: Wer führen will, soll dienen. Jesus wäscht seinen Jüngern die Füße. Die Philosophie dagegen entwirft Regeln für ein stabiles Miteinander.

Berger: Im Neuen Testament gilt: „Alles, was auf Stabilität abzielt, ist eher wie Treibsand."

Fritzsche: Aber empfiehlt Jesus nicht auch die Klugheit?

Berger: „Seid klug wie die Schlangen", sagt Jesus. Schlangen verfolgen die Taktik, nicht Opfer zu werden. Entweder sie fliehen schnell oder sie stellen sich tot. „Verhaltet euch, wenn ihr verfolgt werdet, nicht so, dass ihr Opfer werdet." Das ist keine allgemein bildende bürgerliche Ethik.

Fritzsche: Was steht denn im Neuen Testament anstelle der zeitlosen Reflexion der Philosophen?

Berger: Jesus denkt in Typen. Er sieht im Banker den, dessen Gott das Geld ist. Er berichtet von dem Mann, der in ein fremdes Land geht, und sein Geld vorher seinen Angestellten gibt, damit sie es für ihn verwalten. Es geht darum, sich leidenschaftlich zu engagieren.
Fünf Mal kommt im Neuen Testament der Ausspruch von Jesus vor: „Wer hat, dem wird gegeben …" Es geht um radikalen Einsatz! Das Mittelmaß verschleißt sich. Was überlebt, sind muntere Gruppierungen, die versuchen, ein intensives Leben zu führen. Nur diese Gruppen haben Überlebenschancen, alles andere wird zermalmt.

Fritzsche: Die Philosophie ist der radikalen, schonungslosen Maßlosigkeit des Neuen Testaments gegenüber skeptisch eingestellt. Für sie ist die Seele wie ein Wagen auf der Pferderennbahn: Leidenschaften sind zugkräftige, kraftvolle Pferde und bringen die Bewegung. Allerdings sind sie an die Kandare zu legen, damit der Wagen in der Spur bleibt und nicht alles kaputt geht. Wer kann den Wagen steuern? Die Vernunft. Sie ist der Wagenlenker; sie muss Zügel und Peitsche in der Hand halten. Die Vernunft bestimmt. Nur dann ist es gut und die Fahrt gelingt.

Berger: Der Mensch sehnt sich nach Veränderung und im Kern geht es dabei um die Befreiung von Sünde, Tod und Teufel. Dabei ist die Rationalisierung der „Leidenschaften" sowohl untergeordnet als auch fragwürdig. Der „schräge Heilige", der leidenschaftlich alles auf eine Karte setzt, ist nicht nach dem Geschmack der letztlich doch großbürgerlich auf das Maß drängenden Philosophie. Um es mit anderen Worten zu sagen: Tugenden ja, aber wir wollen es ja nicht übertreiben.

I. Schritt: Das Fundament

2
Gut und böse

Andreas Fritzsche

Für alles offen und nicht mehr ganz dicht

Tolerant wollen wir moderne Menschen sein; wir wollen fast alles gelten lassen und keinem zu nahe treten. Darum verzichten wir auf die zwei kleinen Wörter „gut" und „böse" mit dem großzügigen Hinweis, das wisse ja keiner so genau und schließlich müsse das jeder mit sich selbst ausmachen. Was für den einen gut ist, kann für den anderen böse sein. Was gestern „gut" war, ist es heute nicht mehr. Wir verweigern die Entscheidung, ob etwas gut oder böse ist.
Trotzdem werde ich den Eindruck nicht los, selbst wenn wir alles gelten lassen wollen, leben wir nicht so. Wenn Sie zum Bäcker gehen, dann wollen Sie ein gutes Brot kaufen. Sie gehen sogar davon aus, dass Ihnen der Kauf eines guten Brotes gelingen wird. Alles andere hätte ja keinen Sinn. Und was ein gutes Brot ist, das wissen Sie sehr genau und haben dafür auch klare Kriterien. Freilich kann jemand einwenden, dass der Bäcker verschiedene Sorten Brot hat, denn die Menschen haben unterschiedliche Vorstellungen davon, was ein gutes Brot ist. Das ist richtig, und die Menschen können sich sogar über ihre unterschiedlichen Vorstellungen unterhalten, weil sie wissen, was gut ist.

Wir wissen, was gut ist

Die Umgangssprache hat je nach Kontext einige Alternativen für dieses kleine und schrecklich abstrakte Wort „gut" parat: „stimmig", „passend", „schön", „wohltuend", „tüchtig", „richtig", „in Ordnung", „wahr" – und manchmal auch „reichlich", wenn jemand „gut eingeschenkt" hat. Die Sprache zeigt ganz deutlich, dass und wie wir Urteile fällen, denn das Leben fordert Entscheidungen, und wir müssen wählen – und das hoffentlich „gut".

Übrigens wissen wir sogar, dass zwar manches gut aussieht oder einen guten Eindruck macht, aber trotzdem nicht gut ist. Dann fangen wir an zu prüfen und legen strenge Maßstäbe an. So verhalten wir uns zumindest beim Einkauf, um später nicht enttäuscht zu werden. Das Preis-Leistungs-Verhältnis soll angemessen sein. Das Produkt soll halten, was es verspricht, und etwas taugen. Das Brot soll so schmecken, wie ein echtes Brot zu schmecken hat. Dabei sind die Worte „gut" und „richtig" für uns gleichbedeutend.

Schließlich sind wir uns sogar bewusst, dass das, was für den einen gut ist, für den anderen nicht unbedingt auch gut sein muss. Für das kranke Kind, für den Wohlstand, für die Freundschaft, für den erfolgreichen Studienabschluss oder für die Gesundheit sind unterschiedliche Dinge oder Handlungen „gut". Das finden wir heraus, weil wir es wissen, wenn wir es wissen wollen.

Mit wem kann ich Pferde stehlen?

Wenn es nicht nur um eine Sache, sondern um Lebewesen, um Menschen geht, kommt eine moralische Komponente hinzu, denn wir möchten wissen, welchen Charakter die andere Person hat. Dieses Wissen läuft nicht ausschließlich über den Kopf. Es beginnt mit Eindrücken und Wahrnehmungen und hat auch etwas mit meiner Aufmerksamkeit und Haltung zu tun. Kurzum: Mit dem Herzen haben wir einen Zugang zur Qualität des Charakters, denn um es mit Saint-Exupéry zu sagen: „Man sieht nur mit dem Herzen gut."

Schließlich müssen wir ja auch wissen, „was das für eine ist", wenn wir unser Leben mit jemandem teilen. „Kann ich mich auf sie verlassen? Ist sie vertrauenswürdig?" Hier urteilen wir knallhart mit den Füßen, denn gewissen Menschen gehen wir aus dem Weg, und von anderen fühlen wir uns angezogen, sind gern mit ihnen zusammen – wollen sozusagen in guter Gesellschaft mit ihnen sein.

Den guten Charakter können wir auch „Tugend" nennen und den schlechten „Laster". Charakter steht für das, was ich bin. Kompetenz für das, was ich kann. Charakterstärken oder Charaktervorzüge zeichnen einen guten Menschen aus – einen Menschen mit Herz und Verstand, mit Leib und Seele, der etwas aus sich macht. Allerdings ist freilich auch dieser „gute Mensch" nicht vollkommen, da soll sich mal keiner verheben, denn Vollkommenheit ist von uns Menschen vor dem Jüngsten Gericht nicht zu erwarten. Den wirklich guten Menschen gibt es eben nicht. Nur dessen Karikatur lebt: der „Gutmensch" – der alle Meinungen teilt und die Mode mitmacht, die augenblicklich angesagt ist.

Neben dem Charakter beurteilen wir auch die Gesinnung, den Willen, die Absicht, Fertigkeiten und Handlungen der anderen mit „gut". Hier kann es geben und gibt es sicherlich Irrtum und Mangelhaftes, und trotzdem können wir die moralische Qualität dieses Menschen – eben seinen Charakter – einschätzen.

Mein „gut", dein „gut", unser „gut"

Die Qualifikation „gut" können und sollten wir sinnvollerweise differenzieren.
„Gut für mich" bezieht sich nur auf meine Person, meine Vorlieben, Neigungen, Interessen … Wir haben es hier mit einer persönlichen, subjektiven Wertschätzung zu tun. Für Georg ist Tischtennis gut, für Maria das Akkordeon.
„Gut für uns" bezeichnet etwas, das die gemeinsame Wertschätzung erfährt. Jede Familie, jede Gemeinde, jedes Unternehmen und sogar jede Gesellschaft braucht und besitzt solche gemeinsamen Wertschätzungen, sonst bricht sie auseinander, weil die Menschen es nicht miteinander aushalten können. Für die Menschen in einer Schule ist Bildung wertvoll oder es kommt nichts Gutes dabei heraus.
„Gut an sich" meint etwas, das von persönlichen und gemeinsamen Wertschätzungen unabhängig ist und absolut gilt. Ob es dies gibt, darüber wird heftig gestritten. Die Bundesrepublik Deutschland bezieht Position für ein Gut-an-Sich, denn laut Grundgesetz ist die Würde des Menschen unantastbar – was auch aufgrund eines demokratischen Mehrheitsbeschlusses nicht aufhebbar ist. Die Würde des

Menschen sehen wir als ein notwendiges Gut, weil es eben eine Not wendet.

Praktisch wissen wir also, was gut ist und auch was ein absolutes Gut ist. Ohne dieses lebendige Wissen könnten wir es nicht miteinander aushalten und das gemeinsame, gute Leben wäre zum Scheitern verurteilt.

„gut" ist das, was Leben lässt, was Leben fördert und ermöglicht

Was ist wirklich gut für mich? Was lässt leben? Diese Frage können Sie sich stellen, und wahrscheinlich wäre es jetzt falsch, vorschnelle Antworten zu geben. Was lässt mich, was lässt uns leben?

Ohne Zustimmung zur Welt, zu dieser konkreten Wirklichkeit, lässt es sich nicht gut leben. Gelassene Annahme der Wirklichkeit, demütige Dankbarkeit und Lobpreis Gottes drücken Zustimmung aus. Manche Dinge und Menschen sind eben so, wie sie sind, auch wenn sie mir nicht gefallen. Was dann? Kann ich dann immer noch ihre Güte sehen?

Sehnsucht nach Erfüllung scheint mir unabdingbarer Bestandteil eines guten Lebens zu sein, und ich behaupte, nur wer auf etwas aus ist, etwas erwartet und eine Hoffnung riskiert, kann auch wirklich gut leben. Freilich kann jemand auch behaupten, dass diese Unruhe des Herzens dumm, einfältig oder pubertär ist. Bescheidenheit, Sicherheit und Zufriedenheit klingen dann immer vernünftiger. Der unstillbare Durst und der Hunger im Inneren der Seele weisen jedoch den Weg zu dem, was uns wirklich satt machen kann.

Freundschaft und Liebe lassen uns erahnen, was wir erwarten dürfen: wirklich lieben zu können und geliebt zu werden. Fast alle Menschen, die ich in Seminaren nach dem gefragt habe, was ihnen am wertvollsten sei, antworteten: „Liebe." Dafür lohne sich das Leben, danach sehnen sie sich.

Hinwendung – conversio und nicht Aversion

Anerkennung brauchen wir; sie lässt Leben gelingen. Gesehen, wahrgenommen, geehrt und geschätzt wollen wir werden. Einige wenige machen die Anerkennung mit sich und ihrem Selbstwertgefühl aus. Andere wissen sich von Gott angenommen, anerkannt – wie zum Beispiel Edith Stein: „Keiner kennt mich, außer Gott." Die meisten haben höllische Angst davor, von anderen abgelehnt zu werden, und machen ihre Anerkennung wiederum von der Wertschätzung anderer Menschen abhängig. Diesen Weg empfehle ich jedoch nicht.

Ohne Aufmerksamkeit wird das Leben nicht gut. Andere Menschen wahrnehmen wollen und sie zu sehen, wie sie sind, ja die ganze Welt achtsam zu bemerken und sie sein lassen zu können, ermöglicht gutes Leben. Zumindest sind wir sehr gern mit Menschen zusammen, die das können und – zum Beispiel – ganz Ohr sind.

Das „gute Leben" verstehen sehr viele als „süßes Leben", als *dolce vita*. Bequem, leicht, mühelos und mit allem ausgestattet, was das Herz begehrt, soll es sein. Wollen wir das wirklich immer und unter allen Umständen? Schon die Erzählung vom Schlaraffenland bekundet Skepsis gegenüber dem

„süßen Leben". Wohlstand ist zwar wünschenswert, aber deswegen noch lange nicht immer gut.

„böse"

„Das Wesen des Guten ist: Leben erhalten, Leben fördern, Leben auf seinen höchsten Wert bringen. Das Wesen des Bösen ist: Leben vernichten, Leben schädigen, Leben in seiner Entwicklung hemmen." Albert Schweitzer

In der Umgangssprache wird das Wort „böse" nicht so intensiv verwendet wie das Wort „gut". Selbst die Redewendung „Ich habe einen bösen Fuß" versteht nicht jeder. Bleiben wir aber trotzdem bei dieser Redewendung. Was bedeutet sie? Der Fuß schmerzt, sieht schlimm aus, verursacht Schaden und bringt den ganzen Leib in Unordnung; die Sache ist ärgerlich und nimmt uns übel mit. Auf jeden Fall ist der böse Fuß nicht so, wie ein Fuß sein kann und soll. Ihm fehlt etwas – nämlich die Gesundheit.

Die Wertung „böse" beziehen wir fast ausschließlich auf Menschen und deren Willen, Absichten, Einstellungen und Handlungen. Dabei verbieten wir es uns, einen Menschen als „böse" zu bezeichnen, auch wenn das Wörtchen uns bisweilen herausrutscht.

Was ist ein böser Wille? Ein böser Wille will nur sich selbst und sonst nichts, ist beständig auf dem Egotrip und kreist permanent um sich selbst. Vielleicht sitzt er dem Irrtum auf, das Glück bestünde in „Freiheit für mich und Macht über andere". Ein solcher Mensch wird sozusagen von seinem

Ego geblendet, sodass er ohne Aufmerksamkeit lebt. Er will nicht wissen, was er tut, macht sich vielleicht sogar absichtlich „nicht sehend", blind, weil er *nicht hinsehen* will. Es ist nicht nur ein blinder Fleck der Wahrnehmung, er verdrängt und vergisst systematisch. Das Ego steht unverrückbar im Mittelpunkt und alles andere kreist um dieses Gravitationszentrum; das Ego verleiht erst allem anderen – Situationen, Menschen, Dingen – Sinn und Würde. Diese Einstellung führt schließlich zu der Empörung darüber, dass nicht alles so ist, wie es sein soll, dass die Welt schlecht ist.

Die Absichten des Betreffenden werden einseitig und bekommen Schlagseite. Die Fülle der Wirklichkeit reduziert ein solcher Mensch auf eine Dimension – zum Beispiel aufs Geld. Dann sagen wir: „Der hat immer Dollarzeichen in den Augen." Gegen eine solche Weltsicht scheint kein Kraut gewachsen zu sein, denn dem Hinweis, dass die Welt mehr zu bieten habe als Geld, wird dieser Mensch immer entgegenhalten, das stimme ja, aber allein auf Geld komme es wirklich an und für Geld könne man schließlich alles und jeden bekommen. Der eindimensionale Mensch fällt mit seiner Einseitigkeit nicht nur anderen zur Last. Mittelfristig wird er sich selbst zur Last und „knallt durch", wie eine Studentin einmal sagte.

Irrtum

Selten verfolgt jemand wirklich etwas Böses. In der Regel irrt er sich lediglich, weil er die Dinge falsch einordnet. Die Hierarchie seiner Werte stimmt nicht, weil, um beim

Beispiel mit den Dollarzeichen in den Augen zu bleiben, Geld einen unangemessen hohen Stellenwert einnimmt. Es steht am falschen Platz und bringt darum den Rest um die gute Ordnung. Dieser Schieflage fallen Vertrauen, Kinder, Freundschaft zum Opfer, was wiederum Lebendigkeit zerstört. Die richtige Ordnung zu finden scheint in einer unübersichtlichen Welt sehr schwierig zu sein, denn in dieser wächst die Gefahr von Manipulation und Fremdsteuerung.

Wenn wir über uns selbst, über andere Menschen im Irrtum sind, verwandeln sich sogar die besten Absichten in ihr Gegenteil. Wenn wir zum Beispiel meinen, dass wir Gott nicht brauchen und füreinander Götter sein können – „Du bist mein Ein und Alles" –, dann überfordern wir uns. Statt des Himmels auf Erden werden wir füreinander zur Hölle. Diese Überforderung findet im Persönlichen genauso statt wie in den gesellschaftlichen Entwürfen. Wenn wir vergessen, dass wir uns nicht selbst gemacht haben oder verdanken, wenn wir das Ziel unserer Lebensreise aus den Augen verlieren, dann wird es bald böse um uns bestellt sein. Ebenso ist es böse um uns bestellt, wenn wir irrtümlicherweise nicht wahrhaben wollen, dass wir sterben werden. Dann werden wir auch das Leben anderer verzehren, ausschlachten und vernichten, um gesund zu bleiben und ein paar Jahre länger am Drücker zu sein. Der „böse Wille" schädigt nicht nur die Welt, in der er sich bewegt, sondern korrumpiert und verletzt sich selbst. Die Einstellungen und die Haltung eines solchen Menschen werden deformiert, verformen den Charakter seiner Seele und werden diesem Menschen zur Last, zum Laster.

Christen bezeichnen solche bösen Handlungen als Sünden und haben sogar eine Hitliste aufgestellt. Nach der Gotteslästerung – der Sünde wider den Heiligen Geist – steht auf der ersten Stufe „Mord", weil diese Handlung nicht rückgängig zu machen ist und ein Leben vernichtet. Auf der zweiten Stufe steht „Ehebruch", weil diese Handlung eine innige Gemeinschaft zerstört und Glauben vernichtet. Auf der dritten Stufe steht „Ehrabschneiderei", weil die moralische Reputation einer Person vernichtet werden soll und sie sich nicht wehren kann.

So wie eine Schwalbe noch keinen Frühling macht, so zerstört auch eine einzelne böse Tat, sprich Sünde, die Moralität eines Menschen noch nicht. Die Wiederholung hinterlässt jedoch eine schlechte Gewohnheit in der Seele; Intention und Handlungskompetenz gehen in Fleisch und Blut über. Das verletzt, verdirbt den Charakter, und dieser Mensch entwickelt schlechte Gewohnheiten – Laster.

Vielleicht kennen Sie den Kinofilm „Seven", dann wissen Sie, dass eine Liste gibt, eine Auflistung der Laster bzw. sieben Todsünden, die den moralischen Charakter eines Menschen erheblich korrumpieren:

1. Hochmut – *superbia* – verstellt die richtigen Proportionen der Wirklichkeit: Im Mittelpunkt der Welt steht das Ego, das so tut, als verleihe es allen Dingen Würde und Bedeutung, Licht und Leben.
2. Trägheit – *acedia* – raubt der Welt die Farben und treibt ihr die Güte aus: Dem Hochmut folgt der Zynismus, der alles als sinnlos geißelt und in einer Trägheit des Herzens mündet.

3. Vergnügungssucht – *luxuria* – reduziert die Welt auf ein Warenlager der Lust: Die Welt findet ihre Existenzberechtigung im Lustgewinn, den sie bieten kann. Solange wir Spaß haben, darf sie sein.
4. Zorn – *ira* – führt nur Feinde vor die blutunterlaufenen Augen: Die Menschen verlieren ihre Würde, weil in jedem Böses vermutet wird. So bleiben nur Feinde übrig, die es zu vernichten gilt.
5. Gaumenlust – *gula* – verzehrt die Welt und reduziert sie auf Verwertbarkeit: Nicht nur plumpes Hinunterschlingen, sondern auch das kultivierte Genießen der erlesensten Leckereien – alles, was die Welt zu bieten hat – verzehrt die Welt.
6. Neid – *invidia* – verzerrt die angemessene Wahrnehmung des Anderen: Das Wohlergehen anderer Menschen stellt sich als Bedrohung dar und muss entsprechend geahndet werden. Freude kommt nur noch in Form von Schadenfreude vor.
7. Geiz – *avaritia* – setzt uns Dollarzeichen in die Augen und stutzt die Welt auf ihren finanziellen Wert zurecht: Menschen werden zu Personalkosten, Dinge werden auf ihren Marktwert reduziert … Jeder wolle ja nur Geld und für Geld sei auch jeder zu bekommen.

Die Laster behindern Leben, lassen es gar nicht mehr aufkommen und machen Menschen kaputt.
Hinter einer jeden Moral steht die Frage nach „gut" und „böse". Im Grunde weiß jeder Mensch, was „gut" und was „böse" ist, denn er handelt nach der Maxime „Tu das Gute und meide das Böse". Das ist natürlich sehr allgemein, sehr

abstrakt formuliert. Worin nun das Konkrete besteht, darüber können wir uns streiten, irren – aber auch verstehen und richtig liegen. Praktisch – also im konkreten Handeln – wissen wir, was „gut" ist: nämlich das, was Leben lässt, was Leben langfristig fördert und ermöglicht. Ebenso wissen wir praktisch, was böse ist: was Leben zerstört, nachhaltig behindert und beschädigt. Weil wir jedoch über die Details auch unterschiedlicher Meinung sein können, müssen wir über „gut" und „böse" im Gespräch bleiben – und das nennen wir dann Ethik.

Gegenwärtig dominiert ein ethischer Relativismus, dessen Anhänger behaupten, dass man nicht zwischen „gut" und „böse" unterscheiden könne. Diese Haltung ist, wie schon gesagt, chic und gibt sich tolerant. Dennoch muss in aller Deutlichkeit gesagt werden, dass Christen diesen moralischen Relativismus nicht teilen können, dass sie auf den Unterschied zwischen gut und böse beharren und permanent nach Kriterien suchen, die die Unterscheidung ermöglichen.

Warum sind Christen so dogmatisch und intolerant? Christen gehen davon aus, dass Gott allen Menschen sein Gesetz ins Herz geschrieben hat. Jeder Mensch, egal, ob er Christ oder Nichtchrist ist, kann in sich, in seinem Herzen lesen, was gut und böse ist. Das sagt die natürliche Vernunft sozusagen ohne Bibelkenntnisse oder Offenbarung und diese Fähigkeit der Unterscheidung nennt man „Urgewissen". Diese ist allen Menschen angeboren und ins Herz geschrieben und geht erst dann verloren, wenn jemand völlig verkommen ist bzw. die Fähigkeit zur Güte eingebüßt hat. Aber selbst dann bleibt in ihm noch eine Ahnung, ein fernes Echo davon.

Auch die Entscheidungsnot in extremen Situationen, wenn Menschen in einem Dilemma stecken und weder ein noch aus wissen, widerspricht dem grundsätzlichen Wissen um gut und böse nicht. Gerade im Konflikt oder in der Kollision von Gütern bzw. im Wunsch nach Klarheit tritt die grundsätzliche Unterscheidung von gut und böse zu tage. Anderenfalls wären Menschen gar nicht in der Lage, diese Entscheidungsnot überhaupt als Dilemma wahrzunehmen.
Dieser Gedanke, dass Gott allen Menschen sein Gesetz ins Herz geschrieben hat und dass sie es dort lesen können, gibt in Situationen der Orientierungsnot Zuversicht: „Werde still, lass dir Zeit, höre und du wirst eine Antwort finden."

3
Vertrauen

Andreas Fritzsche

Die Finanzkrise im Sommer 2008 und die darauf folgenden Monate zeigten es ganz deutlich: Das Selbstverständliche bemerken wir erst, wenn es abhanden gekommen, wenn es eben nicht mehr selbstverständlich ist. Die Banken liehen sich gegenseitig kein Geld mehr, weil sie einander misstrauten. Zu viele Banken gingen pleite, und das bei ihnen angelegte Kapital verschwand. Eine Bank misstraute der anderen. Die Geldströme kamen zum Erliegen und die Unternehmen erhielten keine Kredite mehr. Es konnte nicht mehr eingekauft, nicht produziert werden. Der internationalen Wirtschaft drohte der Stillstand.

Wie kam es dazu? Einige Anleger operierten mit dem Vertrauen, das die Anleger in das Geldsystem hatten, und beraubten es seiner realen Grundlage. Statt Werten gab es nur noch Blasen, die nun platzten und sich als wertlos entpuppten. Infolgedessen wurde das Vertrauen verspielt. Die Finanzkrise zeigt mit aller Klarheit und Deutlichkeit, dass die knallharte Wirtschaft von einer sehr weichen Voraussetzung lebt: Menschen vertrauen einander, und sie glauben daran, dass Worte das halten, was sie versprechen.

Was ist selbstverständlich?

Wenn ich bei der Bäckerin ein Brot kaufe, gehe ich davon aus, dass es nicht vergiftet und ein gutes Brot ist – eben das hält, was es verspricht. Unausgesprochen und völlig unbewusst nehme ich das der Bäckerin ganz selbstverständlich ab. Meinem Kind glaube ich ebenfalls, was es über die Schule erzählt. Obwohl eine Desinformation sehr einfach wäre, gehe ich selbstverständlich davon aus, dass es bei der Wahrheit bleibt.

Wie gelangen wir zu dieser Selbstverständlichkeit? Wir wachsen in einen guten Umgang miteinander hinein, erlernen ihn und üben uns darin. So können wir es miteinander aushalten und zusammen ein gutes Leben führen. Abweichungen – wie beispielsweise Betrug – erschüttern diese Selbstverständlichkeit und erwecken den falschen Eindruck, dass die Menschen schlecht seien und immer betrügen. Durch die Vertrauenskrise entdecken wir den Wert des Vertrauens; dann erst bemerken wir das Selbstverständliche und wünschen es uns sehnlichst herbei.

Warum wollen wir vertrauen?

Wir Menschen müssen wissen können, dass es die anderen gut mit uns meinen, dass sie uns nicht belügen und betrügen. Ohne diese Grundlage können Menschen nicht kommunizieren, zielgerichtet arbeiten, geschweige denn schwierige Situationen durchstehen. So wie der Computer ein Betriebssystem benötigt, das unterschiedliche Rechenvorgänge im Prozessor organisiert und synchronisiert, so benötigen handelnde Menschen Vertrauen, jenes grundsätzliche Wohlwollen. Diese Einstellung gegenüber den anderen ist der Boden, auf dem wir stehen und uns bewegen.

Die Wirklichkeit ist in der Regel so unübersichtlich und komplex, dass ein Mensch schlicht und einfach nicht alles wissen kann, was er zum Leben braucht. Wir sind auf die anderen angewiesen. Regeln, Normen, Anweisungen ... wollen zwar Sicherheit organisieren, dennoch wissen wir ganz genau, dass diese nicht das Papier wert sind, auf dem sie stehen, wenn das gelebte Vertrauen fehlt. Was andere Menschen mitteilen, kann in der Regel nicht überprüft werden. Hier stößt das Vertrauen an seine Grenzen. Gemeinsame Werte, Prinzipien und Haltungen unterstützen es jedoch, sodass Verständigung möglich wird. Eine gelebte Kultur des Vertrauens bewirkt das Wunder: Menschen finden sich in der Wirklichkeit zurecht und entdecken den Sinn des Ganzen.

Letztlich vertrauen wir einer ganz bestimmten Person: „Ich vertraue dir. Ich glaube an dich." Wir freuen uns sogar, wenn wir anderen vertrauen können, wenn Vertrauen sich ausgezahlt hat. Auf der anderen Seite schmerzt der Vertrauensbruch sehr, denn es geht dabei nicht nur um eine Desinformation, sondern um die Ablehnung und Herabsetzung einer ganz bestimmten Person. Menschen wollen angenommen werden, wollen, dass die anderen es gut mit ihnen meinen. Ganz in der Tiefe der Seele tönt der Wunsch: „Vertrau mir! Glaub an mich!" Vertrauen schafft nicht nur ein gemeinsames Betriebssystem, liefert nicht nur Informationen, es markiert so etwas wie den Sinn des Lebens: „Ich glaube dir. Es ist gut, dass du da bist." Menschen benötigen

Vertrauen zum Leben wie der Fisch das Wasser und der Vogel die Luft.

Angesichts dessen, dass es Betrug, Lüge und Vorspielung falscher Tatsachen gibt, steht am Ende die Gretchenfrage: „Kann ich dir glauben? Darf ich dir vertrauen?" Vertrauensselig oder leichtgläubig möchte schließlich niemand sein.

Niemand möchte dumm dastehen

Der Misstrauische, der nach dem Motto „Vertrauen ist gut, Kontrolle ist besser" lebt, wirkt auf den ersten Blick klug, zumindest clever. Überhaupt hinterlassen Skeptiker, Pessimisten und misstrauische Zeitgenossen einen intelligenten Eindruck. Wohingegen die Optimisten, Gläubigen und Fröhlichen als naiv, dumm, belämmert gelten, weil sie auf Blender und Betrüger hereinfallen. Was trifft nun ins Schwarze? Was ist richtig? Fragen Sie sich doch einfach, mit wem Sie lieber eine Reise unternehmen möchten. Bei allem Wenn und Aber wollen Sie vermutlich lieber mit demjenigen Gemeinschaft pflegen, der gut über andere denken und vertrauen kann.

Wie gesagt geht es hier um einen Grundpfeiler der Gemeinschaft: Wie können wir es miteinander aushalten? Unsere Kultur hat da eine klare Antwort: Wir haben die Pflicht, gut voneinander zu denken, zu reden und zu urteilen – es sei denn, jemand kann durch nachvollziehbare und beweisbare Gründe der Bosheit und Niedertracht überführt werden. Nur auf der Basis des Wohlwollens kann das gemeinsame

Leben gelingen und ein gutes Leben werden. Das Gegenteil – der Argwohn oder der Zweifel – gilt als Laster.

Im Vertrauen geht es also auch um Gerechtigkeit: „Was schulde ich dem anderen?" Wohlwollen – gut denken, gut reden und ihm Gutes wollen. Und die Frucht des Wohlwollens heißt Vertrauen.

Wem darf ich mich anvertrauen?

Da kann ich nur sagen: Schauen Sie die anderen freundlich an und Sie werden freundlich angeschaut. Erweisen Sie sich als vertrauenswürdig und Ihnen wird Vertrauen geschenkt werden. Fragen Sie Ihr Herz, hören Sie auf Ihre innere Stimme (Gefühl oder Bauch – wie immer Sie es nennen wollen). Bin ich ihm ans Herz gewachsen und er mir? Stimmen Sprache, Tonfall, Blick und Gestik überein? Das Herz bemerkt Dissonanzen sofort. Sprechen Sie eine gemeinsame Sprache? Blicken Sie in die gleiche Richtung? Können Sie über schwierige Fälle, über Meinungsverschiedenheiten miteinander reden – können Sie streiten? Schätzen Sie die Andersartigkeit des Anderen oder schmerzen die Differenzen? Und stellen Sie sich vor: Ihr Schöpfer schenkt Ihnen jeden Tag Leben, vertraut es Ihnen an. Na, dann gibt es doch allen Grund, freundlich zurückzuschauen und sich ihm anzuvertrauen. Warum? Weil Gott Ihnen vertraut.

Zum Handeln gehört Vertrauen – und zwar Vertrauen darauf, dass Gutes auch zu Gutem führt, wenigstens im Allgemeinen und auf lange Sicht. Denn nur dann hat Handeln überhaupt Sinn. Vertrauen bindet uns an den Sinn des Ganzen. Wie soll sonst der Bauer ans Werk gehen? Im Frühjahr muss er loslegen, den Acker bestellen und säen. Er muss tun, was in seiner Macht steht, und darauf vertrauen, dass seine gute Saat auch eine gute Ernte bringen wird. Und selbst wenn die gute Ernte ausbleibt, weil die Elbe Hochwasser hatte, welche andere Chance hätte er? Sicher ist nur seine Arbeit, seine Saat. Die Ernte ist unsicher, aber sehr wohl zu erwarten. Wenn wir handeln, vertrauen wir auf ein gutes Ende, selbst wenn es nicht eintritt. Könnten wir anders?

4
Ist der Mensch wirklich frei?

Andreas Fritzsche

Kinder finden es faszinierend und probieren es, bis sie blau anlaufen oder umfallen: „Wie lange kann ich die Luft anhalten?" Manche von ihnen können es ganz schön lange, und das, bis sie ohnmächtig werden. Einige Aktivitäten müssen wir nicht tun; wir können sie tun oder auch sein lassen. Auf andere Aktivitäten haben wir keinen Einfluss, auch wenn wir sie selbst tun. Ob mein Herz schlägt oder nicht, ob mein Darm verdaut oder nicht, hängt nicht von meiner Zustimmung ab. Beide Organe tun es einfach – auch ohne meine Zustimmung. Bei einigen Aktivitäten können wir anders, bei anderen nicht.

Auch einige Dinge, die außerhalb von uns Menschen passieren, können wir beeinflussen – andere hingegen nicht. Ob und wann die Sonne auf- und untergeht, können wir nicht beeinflussen. Ob das Licht in diesem Zimmer angeschaltet ist oder nicht, kann ich sehr wohl beeinflussen. Es gibt also Situationen, in denen wir Alternativen haben, wählen und handeln können; und es gibt andere Vorgänge, die einfach so ablaufen, wie sie eben ablaufen. Menschen sind also einerseits frei und gleichzeitig sind sie es nicht.

Aber was verstehen wir überhaupt unter Freiheit?

Freiheit: anders können

Auch wenn es naiv erscheint, bestehe ich auf einer handfesten Beobachtung aus dem Alltag. Es gibt Situationen, in denen wir die Wahl haben. Klingelt das Telefon, muss ich den Anruf nicht entgegennehmen. Ich kann es auch klingeln lassen. Jetzt kann ich mir auch einen Kaffee kochen, aber ich schreibe weiter. Diese Beispiele mögen banal und schlicht erscheinen. Trotzdem zeigen sie auf, dass wir sehr häufig „anders können".

Als „freie Menschen" möchten alle mit Respekt und Höflichkeit wahrgenommen und behandelt werden. Auf einen würdevollen Umgang will niemand verzichten – zumindest wenn es um ihn selbst geht. Warum betreiben wir denn dann trotzdem diesen ganzen Aufwand mit Respekt und Höflichkeit? Darin bekunden wir ganz handfest und praktisch, dass wir auch „anders könnten" und wissen, dass der Andere auch „anders kann". Kluge Menschen beharren darum insbesondere in Konflikten auf Höflichkeit, weil hier die Handlungsalternativen – das „Anders-Können" – gerade zum Streitpunkt wurden.

„Ich will, was ich tue"

Seit Menschen denken und sich unterhalten, streiten sie sich darum, ob sie frei sind oder nicht. Und das wird sich auch in Zukunft nicht ändern. Der sogenannte freie Wille geht wie der Sprecher der Bundesregierung nach gefällter Entscheidung ans Mikrofon und teilt der Öffentlichkeit mit, was

das Kabinett beschlossen hat. Was ist nun in unserem Fall das ominöse Kabinett? Zurzeit sind es die Hirnstrukturen, die Gene und ihr Optimierungsstreben, manchmal sind es die sozialen Prägungen und Verhältnisse, die Libido oder schlichte Triebstrukturen. Freiheit sei eine nette Illusion, die wissenschaftlich nicht zu halten sei, so einige Denker heute. Ent-Täuschung sei hier angesagt, die Täuschung der Freiheit müssten wir ablegen. Genau betrachtet, seien wir völlig festgelegt, determiniert und programmiert; wir seien sozusagen eine biologische Maschine. Der eheliche Seitensprung passiere einfach, denn dafür gäbe es ein Gen und eine klare Triebstruktur. Darum sei es sinnlos, dem Ehebrecher etwas vorzuhalten, denn in ihm sei automatisch ein Programm abgearbeitet worden, dem er sich nicht widersetzen konnte.
Freiheit gäbe es nicht, und was wir den freien Willen nennen, sei zwar eine nützliche Illusion, aber trotzdem nur das: eine Illusion. Ein paar Millisekunden nach der Entscheidung, dieses zu tun und jenes zu lassen, gäbe der freie Willen dem Bewusstsein kund, dass er eine Entscheidung getroffen habe. Doch die Würfel wären im Grunde schon in der Nervenstruktur gefallen, welche durch Synapsenverbindungen festgelegt wäre. Freiheit gäbe es nicht für Menschen.

Freiheit für die Gummibärchen, weg mit den Tüten!

Die völlig entgegengesetzte Position dominierte die Forschung in den sechziger Jahren des vergangenen Jahrhunderts. Der Mensch sei Freiheit pur und könne sich selbst erschaffen, wenn er seine Fantasie und Kreativität zum Zuge kommen ließe. Repressive soziale Verhältnisse und eine heuchlerische Doppelmoral behinderten, unterdrückten diesen existentiellen Selbstentwurf. Darum gelte es, sich von der sozialen Kontrolle zu emanzipieren und sich auch von den biologischen Bedingungen völlig loszulösen. Dann könne man sich völlig frei entwerfen, seine Rolle ergreifen und die geschlechtliche Bestimmung wählen, Mann oder Frau zu sein. Der Wille ergreife seine Freiheit und rücke diesen Menschen in die Sinn gebende Mitte des Universums; er verleihe allem anderen Wert und Würde. Der Mensch sei grundsätzlich frei.

Gewohnheiten oder: Auf Trampelpfaden durch den Entscheidungsdschungel

Wie können wir diese beiden extremen, sich widersprechenden Positionen verstehen? Völlig abwegig können beide nicht sein, sonst würde ihnen ja niemand Gehör schenken.
Wenn wir handeln, erledigen wir nicht nur rein äußerlich Dinge, wir bewirken auch etwas in uns: Wir bilden Gewohnheiten aus und formen unseren Charakter. Wenn Menschen immer wieder den gleichen Weg über eine Wiese gehen, entstehen Trampelpfade, ob sie es wollen oder nicht, und sie werden künftig auch auf diesen Trampelpfaden gehen. Handeln – und zwar wiederholtes Handeln – legt in unserem Charakter solche Trampelpfade an, die sich neurologisch als Synapsenverbindungen darstellen und abbilden. Durch Handeln legen wir uns fest, und wir werden uns selbst zum Schicksal, weil wir Automatismen und Gewohnheiten entwickeln. Dann

hängt nicht nur der Schlüssel am gewohnten Ort, wir decken auch den Tisch gewohnheitsmäßig so und nicht anders. Auf diese Weise entwickelt fast jeder eigene Rituale und Routinen und das ist, Gott sei Dank, so. Hinsichtlich bestimmter Dinge oder Aufgaben muss ich keine Entscheidung fällen: Soll ich überlegen oder erst entscheiden, ob ich mir heute die Zähne putze oder nicht? Ich bekäme nichts zustande, wenn ich meine Aufmerksamkeit an banale Fragen wie „Zähneputzen – ja oder nein?" verschwenden würde. Daher entscheiden wir auch nicht, ob wir diese Aufgaben ausführen oder nicht. Vielleicht denken wir ab und zu über sie nach, wir reflektieren sie aber erst im Nachhinein.

Weil wir nun selten jedes Mal eine freie Entscheidung darüber fällen, was wir tun, sondern viel eher aus Gewohnheit handeln, wird es umso wichtiger, dass wir uns gute Gewohnheiten zulegen. Über unsere Gewohnheiten können wir nachdenken. Bisweilen kommen wir auch zu dem Entschluss, dass es angebracht ist, eine Gewohnheit abzulegen, zum Beispiel mit dem Rauchen aufzuhören. Dann merken wir, wie schwer es ist, gewohnte Handlungsmuster zu durchbrechen und auf die Pausenzigarette zu verzichten. Schwer und schmerzlich ist dieser Durchbruch, und man merkt, wie fest und mächtig Handlungsmuster sind. Trotzdem kann ich die Zigarette sein lassen; wir können Gewohnheiten ablegen, wir können uns selbst gestalten und darin sind wir frei. Ich muss nicht mehr rauchen. Hier habe ich Handlungsalternativen, hier kann ich anders.

Essen, schlafen ... müssen wir jedoch weiterhin; darin können wir *nicht* anders. Unsere Freiheit ist dabei an diesen menschlichen Leib, diese menschliche Seele und Geist gebunden, denn wir haben uns selbst nicht geschaffen. In diesen Punkten stoßen wir an die Grenzen menschlicher Freiheit.

Trotzdem bleibt festzuhalten: Wir können anders, wir können zwischen gut und böse wählen und wir können entsprechend handeln.

Freiheit – wovon?

Menschen, die in Diktaturen leben, und pubertierende Jugendliche haben eines gemeinsam: Sie wünschen sich Freiheit und reden sehr viel darüber. Unter Freiheit verstehen sie Freiheit von staatlicher Unterdrückung bzw. Reglementierung durch die Eltern. Einschränkungen, Bevormundungen und äußere Zwänge wollen sie loswerden. Geschichtlich betrachtet hat sich im 19. Jahrhundert das Bürgertum solche Abwehrrechte vom Staat abgerungen: Gewissens-, Religions-, Reise- und Versammlungsfreiheit sowie das Recht auf freie Berufswahl und auf Privatsphäre. Diese Liste ist nicht vollständig und ließe sich fortsetzen. Wenn wir in irgendeiner Weise handeln wollen, dann brauchen wir auch die Möglichkeit, Alternativen wählen zu können. Viele bleiben an diesem Punkt stehen und lassen sich weiterhin alle Optionen offen. Der Ruf nach Freiheit war nun erfolgreich, die Mauer ist gefallen und was nun? Was machen wir nun mit der Freiheit? Wozu ist sie da?

Freiheit – wozu?

Die eine Seite der Freiheit betont die Möglichkeit, wählen zu können, die andere betont die Notwendigkeit der Wahl: Du kannst wählen, nun wähle auch! Es reicht nicht aus und ist auch der Freiheit unwürdig, wenn man sich alle Möglichkeiten offenhält. Sinn und Zweck der Freiheit liegen in der Entscheidung und der darauffolgenden Handlung. Freilich bedeuten Wahl und Entscheidung eine Bindung, denn nach der Entscheidung sind nicht mehr alle Möglichkeiten gegeben, weil eine Möglichkeit ergriffen und verwirklicht wurde. An unsere Entscheidung sind wir gebunden, wir sind auf sie fixiert und eingeengt.

Als Junggeselle hatte ich die Möglichkeit, verschiedene Frauen zu heiraten. Diese Möglichkeit ergriff ich, als meine Frau und ich heirateten. Damit verabschiedete sich jedoch die Möglichkeit des Junggesellen und diese Freiheit gibt es seitdem nicht mehr, weil seit der Hochzeit Treue angesagt ist. Seit dieser Zeit sind wir – meine Frau und ich – an unsere freie Wahl gebunden. Das hebt, wie gesagt, die Freiheit des Junggesellen auf, öffnet aber völlig neue und andere Freiheitsräume. Mein Leben trage nicht mehr nur ich allein, von meiner Frau werde ich ebenfalls getragen, und das eröffnet wiederum Handlungsmöglichkeiten, die ich als Junggeselle nicht besaß. In Liebe binden wir uns an einen anderen und verschenken uns. Auf den ersten Blick sieht das nicht nach Freiheit aus, doch auf den zweiten Blick tun sich Möglichkeiten auf, welche zuvor nicht gesehen wurden: Getragensein und Gelassenheit.

Vielleicht denken Sie jetzt, dass Heirat und Liebe gleich dicke Kanonen sind, mit denen hier auf Spatzen geschossen wird.

Darum versuche ich es ganz formal und schlicht: Wenn wir ein Ziel erreichen wollen, müssen wir erst einmal die Möglichkeit haben, Ziel und Weg zu wählen. Mit der Wahl allein werden wir jedoch das Ziel noch nicht erreichen, denn wir müssen den gewählten Weg auch tatsächlich einschlagen und beharrlich bis zum Ziel verfolgen. So erreichen wir das Ziel, so reifen und wachsen wir. Die Freiheit will ergriffen und umgesetzt werden: Du bist Mensch, also lebe als Mensch und werde Mensch. Freilich bindet das uns – und zwar an unsere Freiheit.

Geht es denn nicht einfacher?

Dieses Leben in menschlicher Freiheit muss ja nicht gut ausgehen, es kann auch scheitern und ein böses Ende nehmen. Warum macht Gott das so kompliziert? Geht es nicht auch einfacher? Menschen stellen diese Frage schon lange und werden sie wohl auch in Zukunft stellen. Eine Antwort kann auch ich nicht geben. Nur eine Vermutung habe ich: Gott wollte keine Maschinen, die ihm auf Knopfdruck zujubeln; er will die freie Zustimmung unseres Herzens. Gott mutet uns die menschliche Freiheit mit all ihrem Licht und ihren Schatten zu. Leicht ist es nicht und es kann ein Drama, eine Tragödie werden. Das ist wohl wahr. Wahr ist aber auch, dass er uns auf dem Lebensweg nicht allein lässt, dass er uns Energie und Kraft gibt, uns sucht und entgegenkommt. Sehen wir das? Suchen wir ihn?
Wir können uns ihm zuwenden und entsprechend leben.

Wenn wir Menschen nicht frei wären, bräuchten wir uns nicht über Ethik oder die Frage „Gut oder böse?" zu unterhalten. Wir haben Alternativen und wir leben Alternativen. So erleben wir uns, so gehen wir – in aller Höflichkeit – miteinander um und legen großen Wert auf diesen Respekt. Alles ist uns nun auch nicht möglich, weil wir nur Geschöpfe sind. Unsere Freiheit stößt an Grenzen. Allein können Menschen nicht leben und nach wie vor ist auch bei Menschen die Sterblichkeitsrate mit 100 % gleichbleibend hoch. Doch innerhalb ganz bestimmter und konkreter Grenzen leben diese Geschöpfe und handeln darin frei. Das ist zwar keine absolute Freiheit, aber immerhin Freiheit. Menschen können anders – zwar nicht alles, aber immerhin das Entscheidende: Sie können sich jemandem zuwenden und sich an ihn binden. So wachsen, reifen sie und tragen schließlich Frucht.

5
Gewohnheit und Charakter

Andreas Fritzsche

„*Die Entschlossenheit ist im Einzelfall ein Akt des Mutes und, wenn sie zum Charakterzug wird, eine Gewohnheit der Seele.*"
Carl von Clausewitz

Wir handeln, um etwas zu bewirken. Das Ergebnis der Handlung haben wir normalerweise im Blick. So fahre ich zum Beispiel bei jedem Wetter montagmorgens von Goslar mit dem Auto nach Lüneburg. Unbemerkt werde ich damit zu einem Autofahrer, der bei Schnee, Glatteis, in Dunkelheit sowie auch bei strahlendem Sonnenschein sicher das Auto bewegen kann. In der Regel wollen wir Aufgaben erledigen, wenn wir handeln. Doch nicht nur das äußere Ergebnis bewirken wir; durch Handeln gestalten wir auch etwas *in* uns. Durch das Autofahren werden wir zum Autofahrer, weil wir die Fähigkeit dazu erworben haben.

Ich kann mich noch daran erinnern, wie es war, als ich zur Fahrschule ging und das Autofahren erlernte. Kuppeln, schalten, kuppeln musste ich mir gedanklich einprägen und dann üben. Oft genug knirschte es im Getriebe oder der Motor verreckte. Dann musste ich dazu noch den Straßenverkehr in den Griff bekommen. Volle Konzentration musste ich aufwenden, um Fahrzeug und Straßenverkehr gleichzeitig unter Kontrolle zu behalten. Mit dem Bestehen der Fahrprüfung war die Fahrschule noch nicht wirklich beendet, doch mit der Zeit gingen mir das Schalten und die Beachtung des Verkehrs in Fleisch und Blut über. Heute möchte ich behaupten, dass ich Auto fahren kann – ich bin ein Autofahrer. Gewisse Handlungen – wie kuppeln, schalten, kuppeln – nehme ich nicht mehr bewusst war; sie „passieren" automatisch. Auch für die Verkehrssituation habe ich einen siebten Sinn entwickelt. Meine wöchentliche Fahrt Goslar – Lüneburg – Goslar unterstützt dieses Auto-fahren-Können, obwohl ich eigentlich nur diese Distanz überwinden will.

In Fleisch und Blut

Auf einfache Weise erwerben wir Menschen Fertigkeiten und Techniken: Durch wiederholtes Handeln gestalten wir etwas in uns, verwirklichen Möglichkeiten und entwickeln Gewohnheiten. Es ist eben noch kein Meister vom Himmel gefallen. Im Gegenteil: Übung macht den Meister – lernen, trainieren, wiederholen, dranbleiben, bis die Handlung in Fleisch und Blut übergegangen ist. Übrigens trifft die Redewendung „in Fleisch und Blut übergehen" ins Schwarze. Gewohnheiten gestalten neben Fertigkeiten und Charakter ebenfalls den Körper, das Gesicht, die Hände und die Haltung.
Da er Waldarbeiter und Bauer war, hatte mein Großvater Josef riesengroße Hände mit Hornhaut, wohingegen mein Vater als Schneider zierliche und stets saubere Hände hat. Beides kommt vom täglichen Zupacken, und da macht es schon einen Unterschied, ob es eine Axt oder eine Nähnadel ist, die man da in Händen hält. Einen Offizier, auch wenn er im Ruhestand ist, kann man am Gang, am Tonfall und an

der Haltung ausmachen. Auch in moralischer Hinsicht gibt es untrügliche Kennzeichen: die Schnapsnase des Maßlosen, die blutunterlaufenen Augen des Zornigen, der schmeichlerische Tonfall des Schleimers, aber auch der feste Blick des Couragierten und die gütige Stimme der Barmherzigen. Menschen nehmen dies intuitiv wahr, machen sich nicht nur ein Bild, sondern stellen fest, welche Art Mensch ihr Gegenüber ist, welchen Charakter er hat. Auch meine Oma Klara ging so vor und merkte einmal an: „Mit fünfzig hat jeder das Gesicht, das er verdient."

Ist der Mensch ein Gewohnheitstier?

Das Wort „Ethik" kommt vom griechischen Wort *ethos* – Gewohnheit. Wie ist das zu verstehen? Handlungen zielen zwar auf ein äußeres Ergebnis, dennoch hinterlassen sie Spuren im Inneren des Menschen – insbesondere dann, wenn die Handlung sich wiederholt. Wir legen uns auf diese Weise Gewohnheiten zu – gute und schlechte. Durch wiederholtes pünktliches und akkurates Erledigen ihrer Aufgaben wird Sarah ein zuverlässiger Mensch. Zuverlässig wird sie nicht etwa durch einen inwendigen Beschluss, durch einen Willensakt, denn das ist nur der Anfang. Wenn sie beständig und ausdauernd ihre Aufgaben gewissenhaft erledigt, legt sie sich im Laufe der Zeit die gute Gewohnheit der Zuverlässigkeit zu. Eine solche gute Gewohnheit hat den Charme, dass Sarah nicht jedes Mal überlegen muss und dass vieles leicht von der Hand geht, weil ihr die Zuverlässigkeit in Fleisch und Blut übergegangen ist. Das entlastet

Sarah, und ihre Mitmenschen wissen ebenfalls, woran sie bei ihr sind – dass sie es nämlich mit einem zuverlässigen Zeitgenossen zu tun haben. Damit spart Sarah jede Menge Aufmerksamkeitsenergie, die sie in die wirklich wichtigen Entscheidungen investieren kann, denn sie kann sich auf sich selbst verlassen und braucht keine Angst zu haben, dass sie nachlässig wird.

Durch wiederholtes Tun eignen wir uns Gewohnheiten an, Handlungsmuster entstehen und wir legen uns sozusagen eine zweite Haut zu – ob wir es wollen oder nicht. Neben Kompetenzen entstehen so Charakterzüge – gute oder schlechte, Tugenden oder Laster. Denn so, wie wir uns positive Eigenschaften zulegen, die unser Wesen positv beeinflussen, können schlechte Handlungen auf Dauer unseren Charakter verderben. Eine Lüge macht zwar noch keinen Lügner aus uns, ist aber der erste Schritt zu dieser Karriere, denn die zweite Lüge fällt schon leichter und schafft die Bereitschaft zur nächsten. Bei der dritten Lüge schweigt bereits die innere Stimme und das beschämende Gefühl meldet sich nicht. Nach der zehnten Lüge sind Sie es: ein Lügner. Das Lügen macht den Lügner und dem Lügner fällt dann auch das Lügen leichter: Das Handeln folgt dem Sein; doch das Sein wird auf dem Weg der Handlungen gebildet.

Darum ist es nicht unerheblich, was wir regelmäßig tun, welche Gespräche wir führen oder welche Filme wir schauen. Viele Redewendungen weisen auf diese Wahrheit hin: „Sag mir, was du isst, und ich sage dir, was du bist" oder: „Steter Tropfen höhlt den Stein." Wenn es also so etwas wie Selbstverwirklichung gibt, dann an dieser Stelle in Form von Selbstgestaltung. In erster Linie gestalten wir unsere

Gewohnheiten und unseren Charakter selbst, wir selbst sind es – nicht die Verhältnisse, nicht die Gesellschaft, nicht die Strukturen. Wir selbst sind die Schöpfer unserer guten wie auch schlechten Gewohnheiten, unseres Charakters; durch unsere Lebensführung sind wir uns selbst zum Schicksal geworden.

Der sokratische Kurzschluss

Warum nehmen Gewohnheit und Charakter in der Ethik einen so breiten Raum ein? Weil Sokrates sich an dieser Stelle irrte. Er vertrat nämlich die Meinung, dass Menschen das Gute tun, wenn sie das Gute eingesehen und erkannt haben. Falls sie schlecht handelten, hätten sie eben das Gute noch nicht erkannt. So funktionieren vielleicht Maschinen: Wenn diese Ausschuss produzieren, dann sind sie nicht richtig eingestellt oder falsch programmiert.

Bei Menschen läuft dies jedoch etwas anders ab, denn zwischen der Vernunft und dem Handeln gibt es noch den Willen. Der Wille – und nicht die Vernunft – bestimmt die Handlung. Freilich erhält der Wille von der Vernunft seine Informationen, aber Stimmungen, Gefühle, Leidenschaften und Wünsche wirken ebenfalls auf den Willen ein.

Einem ängstlichen Menschen kann die Vernunft beispielsweise tausendmal sagen, dass keine Gefahr besteht, und trotzdem steht er wie gelähmt da und tut nichts. Auch wenn das völlig irrational, unvernünftig ist, setzt die Furcht ihn außer Gefecht und sorgt dafür, dass er wie ein Kaninchen vor der Schlange steht.

Die aufmerksame Selbstbeobachtung ließe dafür sicher noch viele andere Beispiele finden. Die entscheidende Frage ist jedoch: Wie kann der Wille fest und zuverlässig werden, sodass wir das tun, was wir auch wirklich tun wollen? Wie können wir mit den Stimmungen, Emotionen, Trieben und Leidenschaften so umgehen, dass sie uns nicht lähmen, aus der Spur werfen, sondern vielleicht sogar unterstützen? Gute Gewohnheiten und Charakterstärke „konfigurieren" den Willen und überwinden zum Beispiel die Angst. Ein couragierter Mensch kann die Gefahr richtig einschätzen und ist entsprechend trainiert, mit dem flauen Gefühl umzugehen. Er ist es gewohnt, sie auszuhalten, und wird seinen Mann stehen. Wenn wir jedoch lediglich hin und wieder den Entschluss fassen: „Heute will ich aber tapfer sein und nicht wegschauen", wird es nicht funktionieren.

Der Wille will also regelmäßig trainiert sein. Die Einsicht ist dabei der Anfang, aber noch nicht alles. Gewohnheiten gestalten den Charakter und der Wille kann eine gute Haltung annehmen.

Die doppelte Maria

Die Brüder Grimm geben im Märchen von „Frau Holle" die Grammatik der Handlungsspuren wieder. Wir haben die Geschichte im Folgenden abgedruckt. Bitte denken Sie beim Lesen doch einmal über die Fragen nach: Was tut die eine Marie, sodass sie schließlich Glück hat? Was unternimmt die andere Marie, dass sie am Ende Pech abbekommt?

„Eine Witwe hatte zwei Töchter, davon war die eine schön und fleißig, die andere hässlich und faul. Sie hatte aber die hässliche und faule, weil sie ihre rechte Tochter war, viel lieber, und die andere musste alle Arbeit tun und der Aschenputtel im Hause sein. Das arme Mädchen musste sich täglich auf die große Straße bei einem Brunnen setzen und musste so viel spinnen, dass ihm das Blut aus den Fingern sprang. Nun trug es sich zu, dass die Spule einmal ganz blutig war, da bückte es sich damit in den Brunnen und wollte sie abwaschen; sie sprang ihm aber aus der Hand und fiel hinab. Es weinte, lief zur Stiefmutter und erzählte ihr das Unglück. Sie schalt es aber so heftig und war so unbarmherzig, dass sie sprach: ‚Hast du die Spule hinunterfallen lassen, so hol sie auch wieder herauf.' Da ging das Mädchen zu dem Brunnen zurück und wusste nicht, was es anfangen sollte; und in seiner Herzensangst sprang es in den Brunnen hinein, um die Spule zu holen. Es verlor die Besinnung, und als es erwachte und wieder zu sich selber kam, war es auf einer schönen Wiese, wo die Sonne schien und vieltausend Blumen standen. Auf dieser Wiese ging es fort und kam zu einem Backofen, der war voller Brot; das Brot aber rief: ‚Ach, zieh mich raus, zieh mich raus, sonst verbrenn ich: ich bin schon längst ausgebacken.' Da trat es herzu und holte mit dem Brotschieber alles nacheinander heraus. Danach ging es weiter und kam zu einem Baum, der hing voll Äpfel, und rief ihm zu: ‚Ach, schüttel mich, schüttel mich, wir Äpfel sind alle miteinander reif.' Da schüttelte es den Baum, dass die Äpfel fielen, als regneten sie, und schüttelte, bis keiner mehr oben war; und als es alle auf einen Haufen zusammengelegt hatte, ging es wieder weiter. Endlich kam es zu einem kleinen Haus, daraus guckte eine alte Frau, weil sie aber so große Zähne

hatte, ward ihm angst, und es wollte fortlaufen. Die alte Frau aber rief ihm nach: ‚Was fürchtest du dich, liebes Kind? Bleib bei mir, wenn du alle Arbeit im Hause ordentlich tun willst, so soll dir's gut gehn. Du musst nur Acht geben, dass du mein Bett gut machst und es fleißig aufschüttelst, dass die Federn fliegen, dann schneit es in der Welt; ich bin die Frau Holle.' Weil die Alte ihm so gut zusprach, so fasste sich das Mädchen ein Herz, willigte ein und begab sich in ihren Dienst. Es besorgte auch alles nach ihrer Zufriedenheit und schüttelte ihr das Bett immer gewaltig, auf dass die Federn wie Schneeflocken umherflogen; dafür hatte es auch ein gut Leben bei ihr, kein böses Wort und alle Tage Gesottenes und Gebratenes. Nun war es eine Zeitlang bei der Frau Holle, da ward es traurig und wusste anfangs selbst nicht, was ihm fehlte, endlich merkte es, dass es Heimweh war; ob es ihm hier gleich vieltausendmal besser ging als zu Haus, so hatte es doch ein Verlangen dahin. Endlich sagte es zu ihr: ‚Ich habe den Jammer nach Haus gekriegt, und wenn es mir auch noch so gut hier unten geht, so kann ich doch nicht länger bleiben, ich muss wieder hinauf zu den Meinigen.' Die Frau Holle sagte: ‚Es gefällt mir, dass du wieder nach Haus verlangst, und weil du mir so treu gedient hast, so will ich dich selbst wieder hinaufbringen.' Sie nahm es darauf bei der Hand und führte es vor ein großes Tor. Das Tor ward aufgetan, und wie das Mädchen gerade darunter stand, fiel ein gewaltiger Goldregen, und alles Gold blieb an ihm hängen, sodass es über und über davon bedeckt war. ‚Das sollst du haben, weil du so fleißig gewesen bist', sprach die Frau Holle und gab ihm auch die Spule wieder, die ihm in den Brunnen gefallen war. Darauf ward das Tor verschlossen, und das Mädchen befand sich oben auf der Welt, nicht weit von seiner Mutter Haus; und als es

*in den Hof kam, saß der Hahn auf dem Brunnen und rief: ‚Kikeriki, unsere goldene Jungfrau ist wieder hie.' Da ging es hinein zu seiner Mutter, und weil es so mit Gold bedeckt ankam, ward es von ihr und der Schwester gut aufgenommen.
Das Mädchen erzählte alles, was ihm begegnet war, und als die Mutter hörte, wie es zu dem großen Reichtum gekommen war, wollte sie der anderen, hässlichen und faulen Tochter gerne dasselbe Glück verschaffen. Sie musste sich an den Brunnen setzen und spinnen; und damit ihre Spule blutig ward, stach sie sich in die Finger und stieß sich die Hand in die Dornhecke. Dann warf sie die Spule in den Brunnen und sprang selber hinein. Sie kam, wie die andere, auf die schöne Wiese und ging auf demselben Pfade weiter. Als sie zu dem Backofen gelangte, schrie das Brot wieder: ‚Ach, zieh mich raus, zieh mich raus, sonst verbrenn ich, ich bin schon längst ausgebacken.' Die Faule aber antwortete: ‚Da hätte ich Lust, mich schmutzig zu machen', ... und ging fort. Bald kam sie zu dem Apfelbaum, der rief: ‚Ach, schüttel mich, schüttel mich, wir Äpfel sind alle miteinander reif.' Sie antwortete aber: ‚Du kommst mir recht, es könnte mir einer auf den Kopf fallen', ... und ging damit weiter. Als sie vor der Frau Holle Haus kam, fürchtete sie sich nicht, weil sie von ihren großen Zähnen schon gehört hatte, und verdingte sich gleich zu ihr. Am ersten Tag tat sie sich Gewalt an, war fleißig und folgte der Frau Holle, wenn sie ihr etwas sagte, denn sie dachte an das viele Gold, das sie ihr schenken würde; am zweiten Tag aber fing sie schon an zu faulenzen, am dritten noch mehr, da wollte sie morgens gar nicht aufstehen. Sie machte auch der Frau Holle das Bett nicht, wie sich's gebührte, und schüttelte es nicht, dass die Federn aufflogen. Das ward die Frau Holle bald müde und sagte ihr den*

Dienst auf. Die Faule war das wohl zufrieden und meinte, nun würde der Goldregen kommen; die Frau Holle führte sie auch zu dem Tor, als sie aber darunter stand, ward statt des Goldes ein großer Kessel voll Pech ausgeschüttet. ‚Das ist zur Belohnung deiner Dienste', sagte die Frau Holle und schloss das Tor zu. Da kam die Faule heim, aber sie war ganz mit Pech bedeckt, und der Hahn auf dem Brunnen, als er sie sah, rief: ‚Kikeriki, unsere schmutzige Jungfrau ist wieder hie.' Das Pech aber blieb fest an ihr hängen und wollte, solange sie lebte, nicht abgehen."

Ob wir es wollen oder nicht: Wir legen uns Gewohnheiten zu und sind in gewisser Weise selbst für unser Schicksal verantwortlich. Am Beispiel der beiden Mädchen kann man dies sehr gut ablesen. Angenommen, wir folgen der Glücksmarie und legen uns gute Gewohnheiten zu: Bekommen wir dann schon einen guten Charakter und werden ein „guter Mensch"? Und was macht die Person „gut"?

6
Tugend und Laster

Klaus Berger

Das Wort „Tugend" meint – auf den ersten Blick – etwas moralisch Gutes, eine positive Eigenschaft. Zugleich scheint das Wort reichlich veraltet zu sein. Über die „Tugenden der Hausfrau" spottet man, noch mehr über tugendsame Jungfrauen oder Ritter. Der Gegenbegriff „Laster" ist eher geläufig. Ein Laster kann man ablegen, es scheint daher nicht so ganz ernst. Daher gibt es auch Lasterhöhlen und lasterhaftes Benehmen (besonders bei Männern mittleren Alters).
Das Wort „Tugend" hat eine lange Vorgeschichte in der griechischen Sprache und Philosophie. In der Bibel gibt es keine Entsprechung zu diesem Wort, die Bibel spricht nur von Geboten – die Tugenden hat niemand „geboten" – oder von Gaben (wie z. B. Liebe) oder von Früchten. „Früchte" aber sind etwas Gewachsenes, und oft genug genügt es beinahe, wenn wir das, was aus Gottes Gabe hervorwachsen will, nicht vorher zerstören. Die Früchte des Glaubens zum Beispiel sind nach Aussage von Paulus Geduld, Sanftmut und Liebe. Sie sind wie die Puppe in der Puppe. In dem großen Geschenk „Glauben" stecken oft ganz alltägliche Verhaltensweisen. Die kleinste Puppe ist dann vielleicht die Geduld. Als biblisch Denkender sollte man vielleicht statt von „Tugenden" lieber von „Kräften" reden. Dabei gibt es laut den Bibelauslegern „Tugend- und Lasterkataloge"; aber der Ausdruck „Tugend" wird dabei nicht als Sammelbegriff verstanden. Die Bezeichnung „Tugend- und Lasterkataloge" geht auf die Gelehrten zurück. Der Erste, der

eine Tugendlehre aufstellt, ist der griechische Philosoph Aristoteles (384–322 v. Chr.). Sein Lehrer Platon hatte bereits eine Tugendethik entwickelt und stritt sich mit den sogenannten Sophisten darüber.* Für Aristoteles ist Tugend ein Mittleres zwischen den Extremen. So ist der rechte, sparsame Umgang mit Geld eine Tugend, die zwischen den Extremen Geiz und Verschwendung liegt. Oder die Tapferkeit eine Tugend zwischen den Extremen Tollkühnheit und Feigheit. Immer geht es dabei darum, dass Tugend ein maßvolles Verhalten ist, das auch den Menschen nicht überfordert.

Man hat oft gefragt, worin die bleibende Bedeutung und der praktische Nutzen dieser aristotelischen „Mitte" liegen könnten. Sicher ist es Aufgabe jeder Generation, das Maßvolle und das rechte Maß neu zu justieren. Dadurch wird freilich nicht nur die Überforderung vermieden, es werden auch die Ressourcen geschont (kein Verschleiß an Kräften unter allen Umständen). Vor allem aber werden auf diese Weise moralische „Normen" auch lebbar und bleiben nicht nur abstrakte Überforderungen. Die ethische Forderung dient eben dem Menschen und nicht umgekehrt. Das heißt: Heroisches Handeln verliert seinen Sinn, wenn dadurch im Ganzen und auf Dauer das Leben einer menschlichen Gemeinschaft zerstört wird. Denn das Kriterium für das Auffinden der Mitte ist „Leben im Ganzen und auf Dauer".

Wenn man nach einer heute angemessenen Definition von Tugend oder Laster fragt, müsste man sagen: Tugend ist die Kraft oder eine Fähigkeit, wiederholt positiv zu handeln. Auf diese Weise wird Leben auf Dauer und im Ganzen gefördert

---

* Mehr dazu in „Das Gastmahl" oder „Rede des Agathon".

und „gebaut". Und Laster ist im Gegenzug ein Mangel an Kraft beziehungsweise die Unfähigkeit, konstruktiv zu handeln. Auf diese Weise wird Leben zerstört. Hier wird auch der Sinn der Zweiteilung in Tugend und Laster erkennbar: Leben, insbesondere menschliches Leben, ist in der Welt (besonders wenn man die Weiten des Weltraums bedenkt) dauerhaft gefährdet. Daher bedarf es dringend einer Orientierung darüber, was dieses Leben fördert oder was es weiterhin gefährdet. Daher verfolgt die Philosophie auch das Ziel, dem Menschen weit vorausschauend die Bedingungen dafür zu nennen, dass die Menschheit überleben kann. Dabei wird vorausgesetzt, dass das Bestehen der Menschheit selbst ein Höchstwert ist.

So veraltet oder ironisierend gebraucht die beiden Begriffe „Tugend" und „Laster" zu sein scheinen, bei näheren Hinsehen sind sie doch hilfreich, und zwar zur Unterscheidung und Einordnung von menschlichem Verhalten.

Zunächst sind Tugend und Laster einander entgegengesetzt, und zwar dualistisch. Das heißt: Sie sind gegensätzlich und schließen sich gegenseitig aus. Sie sind darüber hinaus hilfreiche Werkzeuge, um menschliches Handeln einzuordnen, und zwar in „gut" und „böse". Die guten wie die bösen Handlungen des Menschen bekommen in den Tugenden und in den Lastern jeweils so etwas wie ein Gesicht. So bleiben „gut" oder „böse" keine abstrakten Qualitäten, sondern beides wird an Tugenden oder Lastern erkennbar und fassbar. Die beiden Kategorien lassen sich jedoch nicht mit jeweils einer Tugend oder einem Laster erschöpfend darstellen, sondern es gibt viele große und kleine Schwestern, ja, ganze Familien. Gerechtigkeit ist beispielsweise eine der Schwestern der Tapferkeit, Faulheit eine Schwester des Betrügens. Man kann sich das wie beim Ballspielen vorstellen: In der Familie der Tugenden zum Beispiel wirft eine Schwester der anderen den Ball zu. Das Ziel besteht darin, durch das Mitwirken vieler den Ball ins Netz gelangen zu lassen. Das heißt: einen Menschen gut und glücklich zu machen.

Daher hat man immer großen Wert darauf gelegt, dass eine Tugend allein „noch keinen Sommer macht". So hat man die Lehre von den vier Kardinaltugenden entwickelt („Kardinaltugend" wegen des grundlegenden Charakters, von *cardo* = Türangel): Klugheit, Gerechtigkeit, Tapferkeit und Mäßigung. Dieses „System" der grundlegenden Tugenden stellt daher den ersten Versuch des Menschen dar, sich seines Handelns bewusst zu werden und das zu bedenken, was er aus Gewohnheit oder in akutem Gehorsam tut.

Angesichts der heutigen Wertediskussion muss man fragen, was denn der Unterschied zwischen Werten und Tugenden ist und warum man nicht lieber nur von Werten spricht. Warum kann man nicht vom „Wert der Gerechtigkeit" sprechen? Weil „Wert" eine dingliche und keine persönliche Kategorie ist. Werte sind „objektivistisch" zu beurteilen und die Biografie des „Täters" wird dabei nicht berücksichtigt.

Eine weiterführende Bestimmung von „Tugend" liefert der Kirchenvater Augustinus (354–430 n. Chr.). Er sagt: Tugend ist eine gute Qualität des Menschen, sie bedingt gutes Handeln und aus ihr kann nichts Böses kommen. Sie ist auch zu keinem schlechten Gebrauch oder Ziel fähig. Gott wirkt sie in uns, und zwar ohne unser Zutun. Dieser letzte Zusatz ist ebenso wichtig wie die weitere Bestimmung, dass Tugenden nicht nur im Wirken des Guten, sondern auch im Ertragen des Bösen bestehen. Das Abendland hat insbesondere seit der Renaissance den Typ des aktivistischen Tugendhelden entwickelt und begünstigt. Viele Menschen können sich darin jedoch gar nicht wiederfinden. Die heidnische Antike* wie auch die frühchristliche Ethik haben jedoch viel stärker das Aushalten (-Können und -Wollen) betont (Geduld; Märtyrer). Im Übergang zwischen Handeln und Aushalten steht dabei die Treue. Sie hat besondere Bedeutung für den Umgang mit Leiden. Auch die göttliche Tugend des Glaubens äußert sich – im Vergleich zu anderen Tugenden – im Wesentlichen in Form von Treue.

Richtig ist auch die Einsicht, dass die Tugenden (abgesehen von Glaube, Hoffnung und Liebe, den sogenannten [sakramental] „eingegossenen" Tugenden) durch menschliches Handeln erworben werden. Das ändert nichts daran, dass Gott sie in uns hervorbringt, denn ohne Gott nützt alles vorherige Handeln und Einüben nichts. Das Gleiche gilt für das Laster. Es entsteht als dauerhaftes Merkmal, und zwar durch die Wiederholung des Vergehens. Dadurch entsteht ein „Habitus" – eine gewohnheitsmäßige, geradezu konstitutionelle Leichtigkeit, jeweils in entsprechender Situation wieder in das verbotene Tun hineinzugleiten.

Wichtig scheint mir daher bei Augustinus – wie auch sonst – der zeitliche Aspekt: Tugend wie auch Laster entstehen durch Wiederholung. Sie stellen daher eine segensreiche oder unheilvolle Art von Kontinuität im menschlichen Leben dar. Die vielfältigen Gewohnheiten sind somit die Einlasstore für Tugenden und Laster.

---

* Beispiel: Herakles am Scheideweg

Alle Wiederholung aber wäre nichts ohne ein Ziel. Biblischem Denken entspricht dagegen, dass alles ein Ziel haben muss, dass vom Ende her zu denken ist. Wer verantwortlich handelt, bezieht die möglichen oder erwünschten Folgen mit ein.

7
Wozu ist der Mensch auf dieser Erde?

Klaus Berger

Menschen, die sich auf dem „zweiten Bildungsweg" auf das Abitur vorbereiten, imponieren mir immer sehr. Denn neben ihrer erlernten Berufstätigkeit müssen sie noch Sprachen lernen und sich in mathematische Fragen hineindenken. Und das in einer Phase des Lebens, die durch Partnersuche oder Gründung einer Familie ohnehin randvoll ausgefüllt ist. Solche Menschen tun es um des Zieles willen. Und wie glücklich sind sie, wenn sie es geschafft haben. Zielstrebigkeit hat eine besondere erzieherische Wirkung. Gerade hier kann man gut erkennen, dass Tugenden oder lobenswerte Eigenschaften kaum je allein stehen.

Eine Analyse des menschlichen Handelns wird neben vielen anderen Faktoren besonders zwei einander entgegengesetzte beachten: die *Gründe* für das Handeln (Motivation) und das *Ziel* (griech. *telos*, daher das Adjektiv teleologisch, zielgerichtet).
Nach den Gründen für das Handeln, der Motivation, hat man in den vergangenen fünfzig Jahren oft gefragt, nach dem Ziel dagegen wenig. Der Grund dafür ist einfach: Die Motivation kann man psychologisch durch die Anamnese (gezieltes Sich-Erinnern an die Vorgeschichte einer Tat) ermitteln. Bei der Frage nach dem Ziel tut man sich schwerer,

da man in der Regel ahnt, wie wenig ein Mensch den Erfolg und damit die Zukunft seiner Tat in der Hand hat. Daher will ich mich im Folgenden stärker mit dem Ziel bzw. den Zielen menschlichen Handelns beschäftigen.

Auch die entschiedene Frage nach dem Ziel des Handelns verdanken wir im wesentlichen Aristoteles. Überall, wo Leben ist, entdeckt Aristoteles zielgerichtete Entwicklungen. So soll aus jedem Ferkel ein Schwein werden und auch aus einem bestimmten Ei kann nicht etwas Beliebiges werden. Das des menschlichen Embryos kann eben nur ein Mensch werden. Entsprechend ist es auch bei jedem menschlichen Handeln angebracht zu fragen, was der betreffende Mensch damit eigentlich erreichen will. Wenn man das bedenkt, wird erkennbar, dass die Beachtung des Zieles einer Tat, ja die Überlegungen dazu, was ein Mensch überhaupt erreichen möchte, sehr wesentlich sind für die Beurteilung eines Handelns. Denn oft genug passiert es, dass ein Mensch mit seinem Handeln das Gewollte nicht erreicht oder gerade das Gegenteil bewirkt. Häufig hört man von Menschen, deren „Lebensplan" durch bestimmte Ereignisse durcheinandergeworfen wird. Und Politikern wie Gelehrten wirft man so manches Mal vor, es sei unklar, was sie „eigentlich wollen".

Darüber hinaus kann und muss über die Ziele wohl auch heftig gestritten werden.

Ich möchte dies anhand eines Beispieles (in unserem Fall der Abtreibung eines Kindes) verdeutlichen. Im Folgenden finden Sie einige Gedanken darüber, wie man aufgrund der möglichen Zielsetzung wohl in dem konkreten Fall reagieren würde. Die jeweiligen Zielsetzungen werden dabei kursiv gedruckt.

Orientierung am Modetrend: Es ist nicht modern und nicht schick, es schadet der Karriere und der Figur und auch der Freizeit des Mannes, wenn man noch einen Nachkömmling aufziehen muss. Abtreibung ja.

Lebensgenuss: Jederzeit soll das größtmögliche Maß an Selbstverwirklichung erreicht werden. Antwort wahrscheinlich: Abtreibung ja.

Pflichterfüllung: Der Mensch ist dazu auf dieser Erde, dass er die Pflichten gegenüber Staat, Mitmenschen, Freunden und Familie erfüllt. Antwort wahrscheinlich: Aufgrund des Harmoniestrebens schließt man sich dem allgemeinen Trend an. Abtreibung ja. (Das Kind im Mutterleib gilt in der Regel noch nicht als Mensch mit Menschenrechten, sondern als Zellklumpen; daher sind die Pflichten ihm gegenüber noch nicht akut).

Großes Ansehen am Ende: Alles dient dazu, den guten Ruf nicht zu gefährden. Antwort wie bei Pflichterfüllung (aufgrund von Kinderreichtum will man doch nicht als asozial dastehen).

Es kommt darauf an, viele Freunde zu haben: Eine quasi-ethisch abgewandelte Form von Wohlfühl-Ethik. Abtreibung in der Regel wohl ja.

Individuelle Trieb-Beherrschung: Philosophische Askese führt dazu, dass man weder nach Nutzen noch nach Ehre strebt. Aufgrund von idealistischer Leidensfähigkeit: Abtreibung nein.

Irdisches Leben ist für alle nur ein Vorzimmer: Es dient der Bewährung und basiert auf der Verfolgung von Gottes Geboten. Abtreibung nein.

Fazit: Einzel-Entscheidungen werden in gravierenden Fällen im Rahmen der Gesamt-Zielsetzung (Lebensplan) vorgenommen.

Die grundlegende Frage für den Theologen ist indes, wer eigentlich festlegt, was das Ziel der Schöpfung, des Menschen (im Allgemeinen) und des einzelnen Menschen (im Besonderen) sei. Aristoteles würde auf die Frage antworten: Dieses Ziel kann und muss man den Dingen selbst ansehen können und im Übrigen ist es im Rahmen der Naturgesetze einigermaßen festgelegt. Auch dem Menschen kann man nicht irgendein Ziel vorgeben, sondern es muss mit seinen Gaben und Anlagen harmonieren. Diese können und müssen weiter entfaltet werden. Aristoteles bezeichnet dies als *Entelechie*, was bedeutet, dass den Menschen das Ziel mit ihren Anlagen „eingepflanzt" ist.

Im Mittelalter (besonders Thomas von Aquin; 1225–1275 n. Chr.) wurde diese Lehre angenommen, weil man die Auffassung vertrat, dass man in der Natur der gesamten Schöpfung die Handschrift des Schöpfers erkennen kann, der auch das Ende aller Dinge bestimmt. Derselbe Schöpfergott gibt auch jedem Menschen persönlich und den Christen noch einmal im Besonderen alle guten Gaben, damit das Ziel erreicht wird. Zwischen dem Geschenk der Anlagen und Befähigungen in der Schöpfung und dem Ziel des Menschen konnte also kein echter Widerspruch bestehen. Die Vorstellung von einem „innewohnenden Ziel" (Entelechie) gilt aus meiner Sicht auf jeden Fall auch dann, wenn man sich nicht der speziell christlichen Sicht über das Ziel der Welt anschließt.

Auf die Frage: „Wozu ist der Mensch auf Erden?" stand in meinem alten Hildesheimer Katholischen Katechismus von 1948: „Der Mensch ist dazu auf Erden, dass er den Willen Gottes tut und dadurch in den Himmel kommt." Diese

Auskunft war zwar nicht gerade herzergreifend, aber einfach und praktisch; das sprichwörtliche Kreisen der Katze um den heißen Brei vermied man damit jedenfalls.

An dieser Stelle wird deutlich, in welch hohem Maße die Ethik mit der sogenannten Theodizee-Frage verbunden sein kann. Theodizee betrifft alle Fragen, die sich daraus ergeben, dass der Mensch in der Regel mehr leiden muss, als er zum Ausgleich an Angenehmem erhält. Dazu gehört auch die Frage, ob es eine Instanz gibt, die für einen gerechten Ausgleich sorgt. Wenn es Gott gibt, dann versteht man ihn als jemanden, der genau in diesem Sinne für Gerechtigkeit sorgt, das heißt, der einen Ausgleich zwischen Mühsal und Erfreulichem schafft, der die Übeltäter bestraft und die Opfer rehabilitiert. Denn wenn ein Mensch Gottes Gebote befolgt, muss er oft unverhältnismäßig viel leiden, zum Beispiel, indem ein schwer behindertes Kind nicht abgetrieben wird, sondern in der Familie aufzuziehen ist (in meiner weiteren Familie gibt es beispielsweise ein Kind, das ohne Arme und Beine geboren wurde; die Eltern hatten einer Abtreibung nicht zugestimmt). Der Glaube geht davon aus: Wenn es Gott gibt, dann ist er in diesem Sinne auch gerecht.

Und genau dieser Aspekt ist von großer Bedeutung, wenn es um eine Abweichung vom Modetrend geht. Allein der Glaube an einen persönlichen Gott schafft die Voraussetzungen dafür, dass man bereit ist, große Opfer in Kauf zu nehmen. Wenn der Mensch also nicht nur dazu auf Erden ist, dass er das Leben mehr oder weniger oberflächlich genießt, dann ist es genau genommen nur unter der Voraussetzung des Glaubens an einen persönlichen Gott sinnvoll, für das eigene Handeln zu leiden. Alles andere wäre deshalb

Selbstquälerei, weil die unbeantworteten Sinnfragen sich dann leicht stauen und bei „Dammbrüchen" das Leben ganz chaotisch wird (Suchtgefahr).

Die Frage nach dem Ziel ist in der griechisch-römischen Philosophie wie in der gesamten Bibel einem strengen Maßstab unterworfen: dem Glück des Menschen. Dazu mehr im nächsten Kapitel.

8
Wer ist ein glücklicher Mensch?

Klaus Berger

Unter den Liebesgedichten des römischen Dichters Catull (1. Jahrhundert n. Chr.) gibt es eines, das folgendermaßen beginnt: „Jener Mensch scheint mir Gott gleich zu sein, ja, wenn es erlaubt zu sagen ist, selbst die Gottwesen zu übertreffen, der dir (geliebtes Mädchen) gegenübersitzt und dein süßes Lachen sehen und hören darf." Hier hat Catull für 2.000 Jahre sozusagen festgeschrieben, was Menschen als Glück betrachten.

Grundsätzlich unterscheidet man zwischen eudaimonistischen Ethik-Entwürfen und anderen.

„Eudaimonistisch" heißt: Beim Handeln geht es darum, dass der Täter (und der, dem etwas getan wird) dabei und dadurch glücklich ist. Denn *eudaimonia* heißt „Glück" und Glück erscheint hier als Sinn der Ethik überhaupt. Die griechische und die biblische Ethik sind in diesem Sinne eudaimonistisch, denn es kommt darauf an, dass es dem Handelnden und auch dem Adressaten seines Tuns zumindest hinterher „gutgeht".

Dem stehen andere ethische Entwürfe gegenüber, die dieses Ziel erklärtermaßen nicht haben oder es sogar bekämpfen:

Die Ethik, nach der das Gute um seiner selbst willen zu tun ist. Sie wird beispielsweise von Immanuel Kant vertreten, der alles, was beim Handeln oder danach Freude macht, als „unethisch" bezeichnet. Man kann diese Ethik auch „rein idealistisch" nennen, sollte aber dann nicht vergessen, dass ethisches Handeln auch nach Aristoteles und der Bibel oft ein hohes Maß an Idealismus erfordert.

Pflichtethik: Der Mensch ist jeden Tag neu dazu aufgerufen, seine Pflichten gegenüber Gott, Staat, Freunden und Familie, ja auch gegenüber sich selbst zu erfüllen. Darin findet er seine Würde und vollendet seine Freiheit.

Situationsethik: Der Mensch trifft Einzelfallentscheidungen und tut das, was eine Situation von ihm erfordert.

Worin das Glücklichsein besteht, darüber haben antike Philosophen, allen voran Seneca (1. Jahrhundert n. Chr.) in seiner Schrift *De vita beata* („Über das glückselige Leben"), auf hohem Niveau nachgedacht und auch für die nachfolgende Diskussion Maßstäbe gesetzt.

Seneca warnt davor, wie ein Herdentier der großen Masse zu folgen. Ein Fallender zieht dann einen anderen nach, sodass die Vorderen die Nachfolgenden ins Verderben stürzen. So schließt er: Die Menge ist ein Beweis des Verkehrtesten. Dann definiert er Glück; zuerst indem er sagt: Glücklich ist ein Leben, wenn es seiner Natur entspricht. Da der Mensch von Natur aus ein Geistwesen ist, muss vor allem der Geist gesund sein und die Gaben des Glücks benutzen, darf aber nicht ihr Sklave sein. Dann fährt er fort: Das höchste Gut ist ein Sinn, der das Zufällige geringachtet und an der Tugend seine Freude hat:

„Glücklich ist derjenige, für den es kein Gut und kein Übel gibt außer einem guten und schlichten Herzen, der das Edle ehrt, der an der Tugend den größten Schatz hat, den zufällige Dinge weder stolz machen noch niederschlagen, der kein höheres Gut

kennt als das, das er sich selbst geben kann, dessen wahre Lust darin besteht, die Lust gering zu achten."*

Diese Sätze erinnern mich an den Wahlspruch des tapferen Widerstandskämpfers Kardinal von Galen aus Münster († 1946): „Nec laudibus nec timore": weder durch Lob noch durch Tadel sich beeindrucken lassen. Glück ist „die Ruhe und Erhabenheit einer Seele, die ihren festen Standpunkt gefunden hat, die frei von Furcht aus der Erkenntnis der Wahrheit eine hohe, bleibende Freude gewinnt". Dieses Verständnis von Glück ist daher sehr stark intellektuell, in Grenzen leib- und lustfeindlich und vor allem an dem orientiert, das „bleibt".

Für unseren Zusammenhang ist wichtig, wenn Seneca in Kapitel 16 seines Werkes erklärt: „Das wahre Glück besteht somit in der Tugend ... Denn was könnte dem fehlen, der über jeden Wunsch erhaben ist?"

Genau das kann Seneca aus dem biblischen Denken lernen. Die biblische Vorstellung von Glück spiegelt sich in den sogenannten *Seligpreisungen*. Die Seligpreisungen (Matthäusevangelium 5,3–12) gratulieren dem Menschen, der sich an das hält, was in diesen Texten verkündet wird. Er steht, so die Seligpreisungen, in einer Geschichte des Heils, die gut endet. Der Blick auf die Verheißungen, auf diesen segensreichen Kontext weckt das Interesse des Lesers/Hörers. In der Exegese bezeichnet man dies als den Zusammenhang von Tun und Ergehen: Derjenige „hat Glück gehabt", der diesen Weg hat betreten können. Im Sinne der Botschaft Jesu ist wichtig: Selig zu preisen ist der, dessen jetziges Handeln

---

* Seneca: „Vom glücklichen Leben" (§ 4, Übersetzer L. Rumpel).

in der Zukunft Segen bringen wird. Anders als beim gewalttätigen oder unbarmherzigen Handeln gehört die Zukunft dem Täter. Er hat seine Geschichte noch vor sich, ist kein welkes Blatt vom vergangenen Sommer.

Weil es um einen grundsätzlichen Weg geht, stehen im Sinne des Zwei-Wege-Schemas im Lukasevangelium, Kapitel 6, ab Vers 22 die Seligpreisungen neben sogenannten Wehe-Rufen. Denn mit „Selig seid ihr …" werden die beschrieben, die Glück gehabt haben, mit „Weh euch …" dagegen die anderen, die den alternativen Weg eingeschlagen haben. So finden wir auch hier wieder – wie bei den Tugend- und Lasterkatalogen (siehe Kapitel 6) – das Prinzip der Reihe. Die Seligpreisungen gelten für eine ganze Reihe von Verhaltensweisen und so ist es auch bei den Weherufen. Das deutet darauf hin, dass mit der gesamten Reihe jeweils ein bestimmter Menschentyp beschrieben wird. Die einzelnen Verhaltensweisen, wegen derer man sich glücklich schätzen darf, dienen keinem Selbstzweck. Sie stehen im Verbund mit eng verwandten Verhaltensweisen, die zum Beispiel im Matthäusevangelium, Kapitel 5, Verse 3 bis 12, ein bestimmtes christliches „Menschenbild" beschreiben. In diesem Textabschnitt ist dieses durch Barmherzigkeit, Geduld und Gewaltverzicht bestimmt, also durch ein Verhalten, in dem Macht zurückgenommen und nicht ausgeübt oder ausgespielt wird.

Gleichzeitig gibt es bei dem Handeln, das die Seligpreisungen beschreiben, auch ein starkes, geradezu ekstatisches Element der Freude *in der Gegenwart*. Das kommt zum einen darin zum Ausdruck, dass der Ausdruck „Selig ist der …" beziehungsweise „Selig seid ihr …" sich auf die Gegenwart beziehen. Auch in der abschließenden Seligpreisung in

Matthäus, Kapitel 5, Vers 12 werden die gegenwärtigen Hörer aufgefordert: „Freut euch und jubelt ..." Besonders deutlich wird dieser Zusammenhang auch an anderen Stellen:

„Ihr habt allen Grund zur Freude. Denn die Zeit, in der ihr Kummer habt und immer wieder vor Bewährungsproben gestellt werdet, ist bald vorbei ... Obwohl ihr Jesus Christus jetzt nicht sehen könnt, liebt ihr ihn. Aber weil ihr ihn nicht schauen könnt, ist dafür euer Glaube um so mehr von Jubel, von unsäglicher Freude und großer, wenn auch verborgener, Herrlichkeit erfüllt" (1. Petrus 1,6; Übersetzung Berger/Nord).
„Ihr habt an den Leiden Jesu Christi Anteil. Darüber dürft ihr euch freuen ... Selig seid ihr, weil der Heilige Geist Gottes jetzt schon auf euch ruht, der Geist der Herrlichkeit" (1. Petrus 4,13–14).

„Ekstatisch" nenne ich dieses Element, weil der zukünftige Jubel schon in die Gegenwart hineinragt und die Trostlosigkeit vergessen lässt. Der Jubel wird nicht mehr aufhören, und daher muss man nicht erst auf eine Veränderung der Umstände warten, sondern die Veränderung hat die Leidenden und Verfolgten schon ergriffen.
Insofern ist hier der Weg, den die Seligpreisungen beschreiben, schon radikal verkürzt, ganz besonders dann, wenn es um das Leiden der Gerechten geht. Es ist der Heilige Geist, der diese Verkürzung schafft. Das Christentum ist daher keine Vertröstungsreligion, was man immer wieder in alten und neuen Protokollen über das Verhör von Märtyrern erkennen kann: Diese Menschen leben jetzt schon immun unter dem Schatten von Gottes Flügeln.

II. Schritt: Auf dem Weg

9
Wie erziehen wir unsere Kinder?

Andreas Fritzsche

Wenn es um die Kinder geht, wird es ernst. Schon bei den Tieren kann man dies beobachten: Kleine Vögel greifen größere Vögel an, welche die Brut rauben wollen, und riskieren dabei alles. Bei Menschen – wenn sie denn nicht völlig verwahrlost sind – kann man das ebenso beobachten. Das Gedeihen der Kinder liegt den Eltern so sehr am Herzen, dass sie nicht nur alles riskieren, falls Verteidigung notwendig ist; sie investieren auch Zeit und Energie, treffen Entscheidungen und machen sich tiefgründige Gedanken darüber, was für die Kinder gut oder nicht gut ist. Sehr viele Eltern finden sogar ihr Glück in der „Brutpflege". Die Erziehung ihrer Kinder nehmen Eltern sehr ernst und dabei wollen sie nur das Beste. Woher dieses Engagement? Warum diese Entschlossenheit und der Wille zur Klarheit? Warum suchen die Eltern nach Kriterien dafür, was ihren Kindern zuträglich ist oder schadet? Warum sind sie weniger tolerant und wählen sorgfältiger aus? Es gibt so etwas wie eine „Ordnung des Herzens", welche Mitmenschen platziert: Wer ist mir am nächsten? Für wen bin ich verantwortlich? Und am nächsten, sozusagen auf Platz eins, stehen die Kinder. Diese sind den Eltern ans Herz gewachsen; sie sind so nahe an ihrem Herzen, näher geht es nicht. Kinder sind ihr eigen Fleisch und Blut. Darum verfolgen sie ihr gutes Gedeihen so unerbittlich und kompromisslos. Darum betreiben Eltern nicht nur die Brutpflege so intensiv, sie machen sich auch gründlich Ge-

danken über ihre Erziehung. Auf jeden Fall ist es ihnen nicht gleichgültig, welchen Einflüssen ihre Kinder ausgesetzt sind. Eltern unterscheiden also klar zwischen „gut" und „böse".
Warum brauchen Kinder eigentlich Erziehung? Das ist eine gute Frage. Es hat etwas damit zu tun, dass Kinder Menschen sind. Brutpflege mag bei Küken ausreichen – Füttern, Sauberkeit, Wärmen und Beschützen; das Heranwachsen scheint von allein zu gehen, und irgendwann ist aus dem Küken ein Huhn geworden. Bei Menschen scheint das etwas anders zu sein. Das Mensch-Sein macht sich nicht von allein. Die Biologie stattet Menschen zwar vollständig als Lebewesen aus und eigentlich reicht diese Ausstattung auch zum Leben. Trotzdem: Menschen können darüber hinaus noch musizieren, schmackhaftes Essen kochen, Geschichten erzählen, Kathedralen bauen und zum Mond fliegen. Neben ihrer ersten Natur – der Biologie – besitzen Menschen noch eine zweite Natur – die Kultur –, sozusagen als zweite Haut, und diese zweite Natur macht sich nicht von allein; sie will gestaltet, gebildet werden. Darum versorgen Menschen ihre Kinder nicht nur mit Nahrung, sie sprechen, singen und kuscheln mit ihnen. Dabei treibt die Eltern ein sehnlicher Wunsch an: Die Kinder sollen „gute Menschen" werden; und genau darüber machen sie sich Gedanken, sprechen und streiten darüber, was richtig oder falsch ist. Das Wort „Erziehung" spiegelt sehr schön beide Naturen des Menschen wider. In „Erziehung" klingt „Aufzucht" mit und ich sehe einen Hühnerzüchter mit seinen Hennen und Küken vor mir. In „Erziehung" schwingt aber auch „Zucht" mit, und dabei denke ich an „Zucht und Ordnung", die den Menschenkindern beigebracht wird, denn der Umgang mit Lust- und Unlustgefühlen will gelernt sein.

Ergo: Erziehung ist der Ernstfall der Ethik, denn erstens geht es in der Erziehung um das Wertvollste, das Menschen haben – um ihre Kinder. Zweitens geht es um etwas, das Menschen zu Menschen macht – um einen guten Charakter. Und drittens streben Eltern in der Erziehung nach klaren Kriterien für „gut" und „böse".

Die eiserne Ration an Vertrauen

Dass Menschen nicht fix und fertig auf die Welt kommen, sehen wir an den ganz Kleinen. Gleichzeitig nehmen wir bei ihrem Anblick die Aufforderung wahr: „Hilf mir, kümmere dich um mich!" Dabei geht es um Stillen, Wickeln, Wärmen und Schlafen, doch wie das Wort „Stillen" schon sagt, bleibt es nicht bei der Nahrungsaufnahme, sondern etwas anderes wird auch noch gestillt. „Hier kannst du still werden, hier wirst du satt", saugt das kleine Kind sozusagen mit der Muttermilch in sich auf. „Die Wirklichkeit meint es gut mit mir", das heißt konkret: Diese Hände wärmen und liebkosen, dieser Busen bringt süße Sättigung. In der Regel ist die Mutter die erste Wirklichkeit, der solch ein kleiner Mensch begegnet; und in der Regel ist diese erste Wirklichkeit eine ganz liebevolle, zärtliche. Das kleine Kind erlebt, schmeckt und spürt: „Ich bin geliebt", ehe es ein Wort sagen kann.
Wie bringen wir unsere Kinder in diese Welt? Wie erziehen wir sie? Liebevoll.
Wir wollen, dass unsere Kinder zuerst einer freundlichen Wirklichkeit begegnen und dass sie vertrauen können. So

können sie ihre Kräfte entfalten und sich entwickeln, Fremdes erkunden und Neues entdecken. Wir wollen, dass unsere Kinder der Wirklichkeit vertrauen und an die Güte der Welt glauben können. Ohne dieses Vertrauen, ohne diesen Glauben werden sie es schwer haben, all die wunderbaren Begabungen, Talente, all den inneren Reichtum ans Tageslicht zu bringen und zu realisieren. Ohne das Vertrauen, dass die anderen es gut mit uns meinen, kann Selbstvertrauen nicht aufgebaut werden und die Entwicklung der Fähigkeiten kommt nicht in Gang.

„Bastarde werden verwöhnt, Söhne erzogen"

Wie erziehen wir unsere Kinder? Wir verwöhnen sie nicht, wir erziehen sie – nehmen sie in Zucht. Auch wenn Nuckeln angenehm ist – insbesondere wenn etwas Süßes rauskommt –, und das Kleine immer mehr und sowieso immer nur nuckeln will, werden Eltern dafür sorgen, dass es nicht permanent dem süßen Lustgewinn frönt. Das Kind ist damit wahrlich nicht einverstanden, was es den Eltern auch zu verstehen gibt: Es schreit. Erziehen heißt hier, in Zucht nehmen. Das Kind wird der Lust-Unlust-Steuerung entwöhnt und dadurch erhalten andere Motivatoren eine Chance. Ob nun Verwöhnen das Schlimmste ist, was man einem Kind antun kann, darüber lässt sich sicherlich streiten; doch eines wird deutlich: Es wird mit großer Wahrscheinlichkeit nicht in der Lage sein, sich richtig zu entfalten und seine Begabungen zu entwickeln. Mental wird es auch als Erwachsener nuckelnd seinen Daumen im Mund bewegen und infantil bleiben.

„Keine Lust" ist eben kein (gutes) Argument. Darum wandern Eltern zum Beispiel mit ihren Kindern und legen Pausen ein, in denen es Leckereien gibt; darum essen Familien gemeinsam zu ganz bestimmten Zeiten und nicht die einzelnen Familienmitglieder allein, wenn sie Hunger haben. Auf diesem Weg werden die Kinder mit der Zeit in die Lage versetzt, das zu tun, was sie wirklich tun wollen, und sie leben das, was in ihnen steckt, weil diese Erziehung sie vom Reiz des Augenblicks befreit. So lernen sie, nicht nur mit ihren Talenten zu wuchern, sondern vor allem ihr Leben selbst zu führen, statt gelebt zu werden. Auf diesem Weg gelangen sie möglicherweise zu einer größeren Lust, zum Beispiel zur Freude eines Gipfelerlebnisses oder zur Entdeckung einer Begabung.

Ein Beispiel: Das Erlernen einer Sprache ist alles andere als lustig. Wer trichtert sich schon gern Vokabeln ein? Wem bereitet das Pauken der Grammatik Freude? Ein steiniger und langer Weg ist das. Doch wenn man uns in dieser fremden Sprache versteht und wir uns mitteilen können, dann kann sich Freude einstellen. Diese Freude schmeckt und ist eine Frucht der Mühen.

Liebevolle Eltern wissen, dass der Weg steinig ist, und muten dem Kind die Frustrationen, Entbehrungen und Mühen zu, gerade weil es ihnen ans Herz gewachsen und nicht gleichgültig ist. Kinder werden nicht dressiert, sondern erzogen; ihnen wird kein fremdes Programm aufgenötigt, denn das wäre eine schlechte Erziehung. Das Kind wird aus einer unmittelbaren Lustorientierung, das heißt aus der Befangenheit in seiner Empfindungswelt oder Egozentriertheit, behutsam herausgeführt, damit es an der Wirklichkeit wachsen und sich entfalten kann. Dieser Weg ist mit Enttäuschungen,

Frustrationen, Grenzziehungen und bisweilen auch Strafen, aber auch mit überraschenden Belohnungen und beglückenden Entdeckungen verbunden. Und der Weg wird selbst im Erwachsenenalter weitergehen, denn auch dann wachsen Menschen mit und an ihren Aufgaben.
Aber das wird leichter gelingen, wenn die Gleise in der Kindheit richtig gelegt worden sind, wenn die Eltern Mut zur Erziehung bewiesen haben.

Eltern muten ihren Kindern einiges zu

Was denn? Das Leben. So wie es ist. Auch das Unangenehme und sogar Schmerzen, zum Beispiel Zahnschmerzen. Wenn das Kind Zahnschmerzen hat, geht es trotz aller Angst zum Zahnarzt, und die Mutter wird dem Kleinen sagen: „Sei tapfer!" Alles andere hat keinen Sinn. Er muss einfach lernen und einüben, mit seiner Angst vor Unangenehmem und Schmerzen umzugehen. So wächst das Kind, entdeckt seine Fähigkeiten und entfaltet sie. Wir wachsen *an* unseren Aufgaben und *mit* ihnen. Freilich ist dabei zu beachten, dass ein Gleichgewicht zwischen Unterforderung und Überforderung herrschen muss, doch das Schlimmere ist die Unterforderung. Kinder wachsen an ihren Aufgaben und darum brauchen sie auch Aufgaben – Pflichten, die ihnen obliegen: das Altglas in den Container bringen, einkaufen, Telefonate entgegennehmen und all die Klassiker wie Tischdecken. Außerdem kann jeder – auch der Kleine – einen Beitrag zum Leben der Familie leisten. Das tut allen gut und fördert auch das Selbstwertgefühl des Kleinen.

Eine Zeitlang waren viele Erwachsene der Meinung, die Kinder sollen es besser haben als sie, und räumten ihnen alle möglichen Hindernisse aus dem Weg. Aber fördert dies das Kind wirklich? Freilich sollte es nicht unnötig frieren oder hungern, doch es soll und muss entdecken, dass zu jedem Wunsch eine Aufgabe – und zwar *seine* Aufgabe – gehört. Wenn die Eltern zum Beispiel dem Kleinen gestatten, in einer Mannschaft Fußball zu spielen, darf das noch lange nicht heißen, dass der Kleine zum Fußballtraining gefahren wird. Wie er zum Fußballplatz kommt, ist seine Aufgabe, und er kann sie allein lösen. „Wo ein Wille ist, da ist auch ein Weg."

Das Kind entfaltet dabei nicht nur seine Fähigkeiten und Kräfte, es legt sich – sozusagen auf dem Weg zum Fußballplatz – gute Gewohnheiten zu, die es im späteren Leben dringend benötigen wird. Durch diese Praxis lernt das Kind, sich und sein Leben zu organisieren und Maßstäbe zu entdecken. Es gibt Situationen, in denen Reden und Belehren nicht weiterhelfen – nur Machen bringt es voran.

Die Gewohnheiten, die unserem Leben wirklich Struktur und Stabilität verleihen, haben wir sehr früh erworben; sie sind uns sozusagen in Wiege gelegt worden. Wie beginnt der Tag in einer Familie? Wie gestaltet sie das Frühstück? Wird der Tag als Bedrohung gefürchtet oder als Herausforderung erwartet? Weniger das Erziehungskonzept als vielmehr das konkrete Leben legt die Gleise und erzieht, bildet gute und schlechte Gewohnheiten heraus und gestaltet den Charakter. Eltern muten ihren Kindern auch Konflikte zu und fällen nicht alle anstehenden Entscheidungen für sie. Im Konflikt – wenn zwei Werte miteinander konkurrieren – entdecken wir erst, was eine Sache uns wert ist. Auch für Kinder sind Zeit und Geld knappe Güter, auch für das Kind ist das schöne Ergebnis mit mühseliger Anstrengung verbunden, und wenn es das eine wählt, kann es nicht auch noch etwas anderes tun. Entscheidungen sind daher mit Enttäuschungen verbunden. Wenn Georg sich für Tischtennis entscheidet, entscheidet er sich damit gegen Fußball und Schwimmen; und Georg wird sich dabei überlegen, was ihm Tischtennis wert ist.

An dieser Stelle möchte ich kurz innehalten und an meine Eltern denken. Vielleicht möchten Sie jetzt auch einmal überlegen, wofür Sie Ihren Eltern heute noch dankbar sind. Wahrscheinlich ist es genau das, was Sie – in guter Familientradition – an Ihre Kinder weitergeben wollen. Welche guten Dinge sind Ihnen in die Wiege gelegt worden?

Erziehen und nicht klagen

Über die heutigen Schwierigkeiten bei der Kindererziehung wird viel und gern gesprochen. Dennoch glaube ich nicht, dass früher die Wiesen grüner waren als heute. Erziehung war, ist und wird auch künftig eine anspruchvolle, schwere und zugleich schöne Aufgabe sein. Leichter ist die Erziehung heute in der Hinsicht, dass seit Jahrzehnten in Mitteleuropa Frieden herrscht und zwei bzw. drei Generationen nicht den Schrecken des Krieges ausgesetzt waren. Auch Sozial- und Rechtsstaatlichkeit nehmen Existenzangst und schaffen günstige Umstände.

Trotzdem sehe ich auch Schwierigkeiten. Die Erziehung der eigenen Kinder erfährt nicht die gleiche gesellschaftliche

Anerkennung wie die Erziehung fremder Kinder. Marketing – und wir leben in einer Konsumgesellschaft – basiert zunächst einmal auf Lustnavigation, auf dem Reiz des Augenblicks. Eine von allen Menschen in unserem Land geteilte Moral – die deutsche Sitte – ist abhanden gekommen, und überall nehmen Äußerungen, die schlicht und einfach schaden, Einfluss auf die Kinder.

Das zu beklagen ist müßig und führt nicht weiter. Wo Licht ist, ist auch Schatten; und wo viel Licht ist, fällt auch der Schatten umso schärfer. Die entscheidende Frage ist, ob Sie sich der Erziehung Ihrer Kinder entziehen oder nicht und ob Sie Ihr Leben führen wollen oder nicht.

„Pflege und Erziehung der Kinder sind das natürliche Recht der Eltern und die zuvörderst ihnen obliegende Pflicht."
Grundgesetz, Art. 6 (2)

Die Erziehung unserer Kinder bringt unsere persönliche Ethik auf den Punkt, weil hier unsere moralischen Überlegungen darüber, was „gut" und was „nicht gut" ist, zum Ernstfall werden, denn wir möchten, dass unsere Kinder gute Menschen werden und in die Lage versetzt werden, ihr Leben verantwortlich zu führen. Ausweichmöglichkeiten gibt es in der Erziehung nicht, denn es geht bei den Kindern um das Wertvollste, das wir haben.

Moral und auch Ethik sind nicht einfach lehrbar, weil die Praxis des Lebens ein Licht auf unsere wahren Vorstellungen von „gut" und „böse" wirft. Außerdem müssen Kinder lernen, dass man anderen Menschen glauben und vertrauen kann und muss – und das gelingt wohl bei den Eltern und Geschwistern am leichtesten.

10
Hängen die Tugenden miteinander zusammen?

Andreas Fritzsche

Auf den ersten Blick fallen die Unterschiede auf: Glaube, Hoffnung und Liebe – die eingegossenen Tugenden – bekommen wir umsonst, das heißt „gratis", aus Gnade, geschenkt. Klugheit, Gerechtigkeit, Mut und Maß – die erworbenen Tugenden – eignen wir uns durch Einübung unter Blut, Schweiß und Tränen an. Gott schenkt uns die „göttlichen Tugenden"; der Heilige Geist ist es, von dem Glaube, Hoffnung und Liebe kommen. Bei den Kardinaltugenden kann der Mensch hingegen die Autorenschaft beanspruchen, denn er gestaltet sich selbst und strebt Selbstverwirklichung an. In den eingegossenen Tugenden überlassen wir uns ganz und gar Gott; in den erworbenen haben wir uns selbst in der Hand.

„Die Maßlosigkeit ist das Maß der Liebe", stellte Bernhard von Clairvaux fest, denn bei Glaube, Hoffnung und Liebe gibt es keine richtige Mitte. In der Liebe sind wir entweder Feuer und Flamme oder kalt; lauwarm geht überhaupt nicht. Dagegen werden die Kardinaltugenden genau von der richtigen Mitte, vom rechten Maß, her geübt, denn zwischen zwei Extremen soll der goldene Mittelweg gefunden werden. Hier geht es eben vernünftig zu. Liebe entfacht die Leidenschaft, sodass es lichterloh brennt. Mäßigung temperiert die Leidenschaft, damit das Haus nicht abbrennt, sondern stehen bleibt. Schärfer können die Unterschiede nicht sein.

Der innere Mensch

Der gemeinsame Nenner aller Tugenden ist so selbstverständlich, dass er leicht übersehen wird. Es geht nicht um Engel oder Götter, es geht auch nicht um Tiere oder Steine; es geht um Menschen aus Fleisch und Blut – und zwar um den inneren Menschen, um das unsichtbare Sein eines Menschen, um das, was ein Mensch *ist*. An anderer Stelle bezeichnete ich den inneren Menschen als zweite Haut, Herz und Seele – etwas, das uns immer ganz nah ist, das wir immer mit uns herumtragen und das uns niemand nehmen kann. Welche Kleider trägt dieser innere Mensch? Was setzt ihn in Bewegung? Worauf ist er aus? Woran hängt er? Ganz gleich, wie nun die Antworten lauten, es gibt eine klare Struktur: Das Handeln folgt dem Sein.

Das wusste auch meine Oma Klara, denn wenn ich in meiner Kindheit einen neuen Freund hatte, erkundigte sie sich immer: „Was ist das für einer?" Wahrscheinlich war sie der Meinung, wie der neue Freund sei, so spiele er auch mit mir. Entsprechend fragen auch Menschen in einem Unternehmen, wenn eine neue Kollegin eingestellt wird: „Was ist das für eine?" Neben aller Neugier werden sie wohl von der Vermutung geleitet, dass sie, wenn sie wissen, „was das für eine ist", auch wissen, wie sie sich benehmen wird. Auf das Sein einer Person kommt es an, denn daraus ergeben sich alle ihre Handlungen – selbst die Wahrnehmungen und Wertschätzungen. Wir sehen beispielsweise, was wir sind und was uns wirklich wichtig ist: So sehen schwangere Frauen überall schwangere Frauen, Kinder Spielplätze und Kaufleute gute Geschäfte.

Das Sein einer Person, der innere Mensch, ist nicht fix und fertig; er kann und muss Gestalt annehmen. Wenn alles gut läuft, erhält der innere Mensch sowohl in den eingegossenen als auch erworbenen Tugenden eine gute, sehr gute Gestalt und läuft zur Höchstform auf. Glaube, Hoffnung und Liebe richten uns auf das aus, was wirklich zählt und wofür es sich zu leben lohnt. Unsere Seele erlangt nicht nur ihre optimale Form, sondern findet das, was wirklich ihren Hunger stillt und sättigt. Wenn sie dafür offen und bereit ist, wird sie beschenkt werden – ganz umsonst. „Da schreibt der Heilige Geist sogar auf krummen Zeilen gerade", und „aus der Not wird eine Tugend", wie des Volkes Weisheit sagt. Das können wir nicht machen und dürfen „Mut zur Lücke" haben.

Richtlinienkompetenz

Die Liebe formt den inneren Mensch und verleiht ihm Energie. Das haben Sie sicher auch schon erlebt: Der Rüpel verwandelt sich in den charmanten jungen Mann, wenn er „sie" kennengelernt hat. Nicht nur, dass er gesprächig und umgänglich wird; er nimmt auf einmal seine Mitmenschen wahr und zeigt sich von einer liebenswürdigen Seite, die bei ihm bislang nicht zu erkennen war. Auch der Arbeitssüchtige häutet sich und entdeckt seine Lieben, wenn er Vater geworden ist und völlig vernarrt in sein Töchterchen ist. Nachts steht er auf, damit die Mutter weiterschlafen kann, macht das Fläschchen warm und beruhigt die Kleine. Liebe verwandelt, verleiht eine menschliche Gestalt, und darum ist sie die Mutter aller Tugenden; sie richtet uns auf das aus, was wirklich wichtig ist. Wer das gelernt hat, wer jemals einen Menschen geliebt hat, wird auf eine Entdeckungsreise geschickt, überschreitet Grenzen – transzendiert – und betritt neue Kontinente. Dabei bläst ihm der Wind in die Segel und er hat Energie ohne Ende. Wer liebt, verliert die Angst, sich selbst zu verlieren. Was wollen Sie mehr?

Glaube, Hoffnung und Liebe heften unseren Blick auf das Ziel, auf ein ewiges Gut. Die Kardinaltugenden dagegen schaffen etwas Ordnung, damit wir dieses Gut auch gut erreichen, damit wir das gute Ziel auch auf guten Wegen erreichen.

Wer verleiht uns Flügel?

Klaus Berger öffnete mir die Augen: Woher nehmen wir die Dynamik und die Energie, das Gute zu wollen und es auch tatsächlich zu tun? Was entfacht Leidenschaft, schenkt Ausdauer und verleiht Flügel? Woher nimmt der Wille seine Kraft? „Die Freude im Heiligen Geist", lautet seine Antwort. So banal und typisch kirchlich die Antwort klingen mag, so wahr ist sie auch.

Übrigens ist Wahrheit in der Regel einfach, verblüffend simpel und wirkt auf andere recht schlicht. „Die Freude im Heiligen Geist", antwortet der Advokat der Bibel. Freude stellt sich ein, wenn uns etwas Gutes widerfährt. Machen können wir Freude nicht, sie blitzt plötzlich auf wie ein Funke und entfacht uns. Keine andere Kraft motiviert wie die Freude; eine starke Leidenschaft und die menschlichste Lust ist sie. Wer diese Freude, die der Heilige Geist schenkt, erlebt hat, der lässt sich nicht so schnell aus der Fassung bringen und beeindrucken, der lebt aus einer begründeten Hoffnung und gewinnt Stärke. „Nur wer hofft, kann wirklich tapfer sein", sagte der christliche Philosoph Josef Pieper und meinte damit, dass nur der Hoffende sein Leben riskieren und verlieren kann, weil er Großes erwartet.

Das richtige Maß

Mit Leidenschaft und Witz übte mein Vater, der Schneidermeister, seinen Beruf aus: „Gott erschuf den Menschen, der Schneider die Figur. Schau doch mal, wie der liebe Gott die Menschen zusammenbastelt! Eine hängende Schulter und ein Bäuchlein hat er. Da muss erst der Schneider kommen und einen richtigen Mann aus ihm machen." Soviel zum Eros des Schneiders. Ich bin ja felsenfest der Meinung, dass nur ein solcher Eros Flügel verleiht und den Beruf (die Berufung) über die Niederungen des Alltags trägt. Maßvoll oder gar bescheiden tritt er ja nicht auf. Warum auch? Aber dann ging der Schneidermeister zur Sache. Wenn sie einen neuen Anzug wollten, nahm mein Vater bei seinen Kunden als Erstes Maß. Der Anzug sollte ja passen, der Figur des Kunden gerecht werden und einen schönen Mann aus ihm machen. Das richtige Maß gehört zur Ethik dazu: Das, was passt, soll gefunden werden; und in der Regel ist es das Angemessene. Natürlich können wir auch mit dem Vorschlaghammer Nägel in die Wand schlagen oder mit Kanonen auf Spatzen schießen. Aber hat das Sinn? „Gut" heißt auch, der Wirklichkeit gerecht zu werden, die Sache ins Lot zu bringen und eine vernünftige Ordnung herzustellen. Der Überschwang, die euphorische Begeisterung bringen zwar Dynamik und Energie, können aber auch dazu führen, dass wir eine schlechte Figur abgeben und uns bisweilen die Bemerkung „Das Gegenteil von ‚gut' ist ‚gut gemeint'" einhandeln.

Im Gegenzug braucht auch der Glaube seine vernünftige Ordnung, oder dem Aberglauben ist Tür und Tor geöffnet, weil Menschen dann alles Mögliche glauben. Schließlich wollen wir ja verstehen können, was wir glauben, auch wenn der Verstand nicht beweisen kann, was wir glauben.

Die Alternative „Schwärmer oder Aristokrat" ist daher keine echte Alternative, wirken die Kardinaltugenden an sich doch nüchtern, kalt und kalkulierend. Darüber hinaus wird sie auch den Anschein einer aristokratischen Eliteethik, einer Ethik der Selbsterlösung, nicht los, und Klaus Berger hat schon recht, wenn er sagt: „Die Logik nervt. Was hat das mit Ungewissheit, mit Wagnis zu tun?" Auch kann die antike Tugendethik nicht erklären, was Menschen die Kraft schenkt, ein gutes Leben zu führen.

Glaube, Hoffnung und Liebe sind eben keine Kompetenzen, sie sind eine zweite Haut – eben Tugend, weil es um das Sein des inneren Menschen geht, um das, was wir sind. Das Feuer der Begeisterung braucht ein vernünftiges Augenmaß, damit das gute Ziel auf gutem Wege erreicht wird. Sorgfältiger Umgang mit den Ressourcen, Suche nach passenden Proportionen und eine vernünftige Ordnung – eben Klugheit, Gerechtigkeit, Tapferkeit und Maß – benötigen wir als zweite Haut oder wir verbrennen als Schwärmer.

Klar sehen können

Auch die vier Kardinaltugenden ergänzen sich gegenseitig: Klugheit findet die angemessene Mitte, das richtige Maß. Die gute Stimmung der Leidenschaften verleiht der Klugheit einen klaren, sauberen Blick. Gerechtigkeit gibt der Tapferkeit überhaupt erst einen sittlichen Wert. Die Tapferkeit hilft der Gerechtigkeit wiederum dabei, auch in kritischen Situationen bei der Stange zu bleiben. Klugheit stellt der Gerechtigkeit das intellektuelle Werkzeug zur Verfügung, um das angemessene Maß zu finden und der Situation gerecht zu werden. Die vier Kardinaltugenden bedingen einander und hängen so zusammen, dass man sagen kann: „Wem eine Tugend fehlt, der hat gar keine."

> *„Gerechtigkeit ohne Barmherzigkeit ist Grausamkeit, und Barmherzigkeit ohne Gerechtigkeit ist die Mutter der Auflösung."*
> Thomas von Aquin

Ganz deutlich wurde mir das bei der *temperantia*, bei der ich ein richtiges Aha-Erlebnis hatte. Ist jemand mit sich im Reinen, das heißt, hat er seine Leidenschaften, Stimmungen und Emotionen wie die Saiten in einem (wohltemperierten) Klavier gut gestimmt, dann ist er gelöst, zur echten Freude fähig, hat einen klaren Kopf und ein „reines Herz". Ist er jedoch von Leidenschaften übermannt oder vor Traurigkeit gelähmt, dann sieht er nicht mehr die Dinge, wie sie sind, nimmt nichts Schönes mehr wahr und wird zum Sklaven seiner Lüste oder zum Spiegel seiner Stimmungen. Unordnung verdirbt uns, macht uns unmenschlich, eben zum Schwein, das glücklich ist, wenn man ihm etwas Leckeres zum Fressen hinwirft und es sich im Dreck wälzen kann: Das Handeln folgt dem Sein. Dann sind wir nicht nur dumm, ungerecht und feige; dann glauben wir nur noch das, was wir anpacken können, hoffen auf den nächsten Kick und reduzieren Liebe auf Spaß-Haben. Die Tugenden (und Laster) sind miteinander verknüpft, weil Leidenschaften, Herz, Wille, Charakter und Vernunft eine Einheit bilden.

Ein wenig besser

Ein Letztes, eine Korrektur an den antiken Philosophen: Die Tugenden Klugheit, Gerechtigkeit, Mut und Maß erwerben wir uns nicht ganz und gar. Manches wurde uns in die Wiege gelegt, von liebenden Menschen geschenkt oder ist dem historischen Augenblick gezollt. Dies einfach unter der Rubrik „günstige Umstände" abzubuchen, scheint mir zu billig. Weisheit, einen guten Rat, Beharrlichkeit, Ausdauer, Geduld und Standhaftigkeit schenkt uns der Heilige Geist, sagt sehr realistisch die Tradition der Christen. Wie wollen Sie ohne Hoffnung tapfer sein? Wie können Sie ohne Liebe gerecht werden oder überhaupt etwas wollen? Wie kann die Vernunft ohne Glauben vernünftig sein? Woraus beziehen wir unsere Einsichten und Erkenntnisse? Wie können wir uns überhaupt verstehen? Woher nehmen wir die Kraft, weiterhin Gutes zu tun, Schmerzen zu ertragen oder Angst zu überwinden?

Die antike Ethik verfolgte das Ziel, dass der Mensch sich aus eigener Kraft gut macht, wenn er ein tugendhaftes Leben führt, dass er sich selbst verwirklicht, um so mit einer schönen, narbenfreien Seele in die Ewigkeit einzugehen. Dieses Konzept der Selbsterlösung, das von antiken Philosophen – wie meinem geliebten Aristoteles – aufgestellt wurde, scheiterte, denn dieser Weg heißt Tragödie und an dessen Ende steht – wie König Ödipus bei Sophokles – der tragisch gescheiterte Held. Trotzdem kann man von Sophokles und Aristoteles lernen und sie ein klein wenig besser machen, indem wir die erworbenen Tugenden mit den Gaben des Heiligen Geistes verbinden.

„Glaube, Hoffnung und Liebe geben die Kraft, die anderen Tugenden zu leben", sagt Klaus Berger, und dem kann ich nichts hinzufügen.

11
Rechenschaft ablegen – Verantwortung

Andreas Fritzsche

Verantwortung hat Konjunktur. Das merkt man besonders in der politischen Rhetorik. Wenn zum Beispiel der Vertreter einer Partei sagt: „Wir sind jetzt bereit, die Verantwortung zu übernehmen", heißt das doch im Klartext: „Wir wollen an die Macht." Worte, die emotional positiv aufgeladen sind, flutschen ganz schnell über unsere Lippen und dienen dazu, die eigentliche Intention zu tarnen. Das Wort „Verantwortung" ist zurzeit ein solcher Kandidat. Geben Sie also Acht! Nebelbomben, Vertuschung, Lügen und Ablenkung tummeln sich gern im Umfeld dieses Wortes.

Das Senatorenzimmer im Goslar

Erst seit zwei, drei Jahrhunderten gibt es das Wort „Verantwortung" überhaupt in der Ethik, und es stammt aus einem religiösen Kontext. Viele Religionen (und auch Platon) kennen die Situation, dass Menschen einmal Rechenschaft ablegen müssen und in einer anderen Welt vor einem Richter stehen werden. Im „Jüngsten Gericht" werden wir Rede und Antwort stehen müssen und unsere schlechten Handlungen, unsere Unterlassungen werden gegen unsere guten Taten aufgewogen. Die Fragen wird ein Ankläger, der Teufel, an

uns richten und Christus wird der Richter sein. Die Christenheit stellte sich das sehr dramatisch vor und platzierte Fresken des Jüngsten Gerichts im Westwerk ihrer Kirchen.
Aber das Jüngste Gericht wurde nicht nur in Kirchen und Kapellen, sondern auch in politischen Räumen – wie im Senatorenzimmer des Goslarer Rathauses – gemalt. Warum? In der freien Reichsstadt Goslar hatten die Ratsherren die Macht inne; es gab faktisch keine höhere Macht. Darum ließen die Bürger das Jüngste Gericht in den Sitzungsraum malen, um ihnen ein Memento mitzugeben: „Faktisch seid ihr jetzt die Machtbesitzer und könnt schalten und walten, wie ihr wollt. Aber bedenkt, dass ihr eines Tages Rede und Antwort stehen müsst und dass dann nichts unter den Teppich gekehrt werden kann." Diese Vorstellung vom Jüngsten Gericht bringt eine gewisse Ernsthaftigkeit ins Spiel. Sehen die Machtbesitzer diese Situation auf sich zukommen und treffen sie ihre Entscheidungen vor diesem Hintergrund, erhält die Praxis eine andere Gewichtung: Rede und Antwort stehen – ohne Wenn und Aber.
Die Vorstellung vom Jüngsten Gericht bringt einen zeitlichen Aspekt ins Spiel, der gegenwärtig unter dem Wort „Nachhaltigkeit" firmiert. Wertungen und Beurteilungen fallen anders aus, wenn sich die angelegte Zeitschiene verkürzt oder verlängert. Legt man die maximal mögliche Zeitschiene an und nimmt sich die Zeit bis zum Jüngsten Gericht, fällt die Beurteilung einer Handlung anders aus als bei einer Zeitschiene, die nur bis zum minimalsten Zeitlimit verläuft und bei der nur der Reiz des Augenblicks zählt. Darum entschleunigen wir bisweilen Entscheidungen und schlafen drei Nächte, ehe wir Klage einreichen. Manche holen ganz tief

Luft und zählen bis zehn, wenn sie spüren, dass der Zorn in ihnen hochkocht. Geschwindigkeit soll herausgenommen werden, damit das Mütchen temperiert werden kann. Auf lange Sicht erscheint manch kurzfristiger Erfolg oder Gewinn als pure Dummheit; dann beurteilt man den Steuerbetrug anders, findet ihn nur noch peinlich und würde manches dafür geben, um diesen Fauxpas aus der Welt zu schaffen.

Ganz deutlich wird das Bewertungskriterium der Zeitschiene, wenn es um die Beurteilung von Unternehmen geht. Ein Manager, der einen Vertrag für einen kurzen Zeitraum von zwei Jahren erhält, kann in dieser Zeit das Unternehmen richtig lukrativ, gewinnbringend machen und den Kapitaleignern optimale Rendite erwirtschaften. Trotzdem ist es gut möglich und sehr wahrscheinlich, dass das Unternehmen fünf Jahre später Insolvenz anmelden muss, weil die Substanz des Unternehmens verfüttert und Raubbau betrieben wurde. Diesen beschleunigten Gewinnerwartungen will das Modell „Nachhaltigkeit" entgegenwirken. Wenn ich das so sagen darf, dann repräsentiert der Gedanke vom Jüngsten Gericht die nachhaltigste Moral: Handle so, dass du im Jüngsten Gericht Rede und Antwort stehen und deine Handlungen verantworten kannst!

So sieht Verantwortung im religiösen Kontext aus. Heute gibt es davon auch eine säkulare Variante – Rede und Antwort ohne Leben danach, ohne Richter und Ankläger. Trotzdem empfehle ich, mit dem Wort „Verantwortung" sparsam, ernsthaft und zurückhaltend umzugehen, sonst ergeht es der Verantwortung wie Münzen, die durch zu viele Hände gewandert sind, sodass man weder Kopf noch Zahl erkennen kann.

Im Grunde darf nur derjenige das Wort „Verantwortung" in den Mund nehmen, der die folgenden drei Fragen beantworten kann:

1. **Wer** verantwortet was vor wem?
2. Wer verantwortet **was** vor wem?
3. Wer verantwortet was vor **wem**?

Alles andere hat keinen Sinn. Auf die Frage, was Verantwortung sei, entgegnete ein Schüler: „Verantwortung ist, dass mir meine Mutter jeden Tag etwas Warmes zu essen kocht." Nun kann man darüber streiten, ob der Schüler politisch korrekt gesprochen hat; zumindest hat er verstanden, was Verantwortung ist. Interessant wäre allerdings auch, von ihm zu hören, was seine Verantwortung sei.

Meines Erachtens hat das Wort „Verantwortung" deshalb Konjunktur, weil es das harte und lustfeindliche (nicht mehr zeitgemäße) Wort „Pflicht" umschifft und trotzdem denselben Sachverhalt bezeichnet. Vielleicht wäre daher folgende Frage besser: „Was sind meine Pflichten?"

Verantwortung hat ebenfalls Konjunktur, weil sie zum Aktionismus drängt und unserem Lebensgefühl entspricht: „Es gibt nichts Gutes, außer man tut es." Eine Alternative gibt es und wir sehnen uns nach ihr: die Dinge sein lassen, wie sie sind, und ihnen Zeit zum Reifen gewähren. Aufmerksam und achtsam bleiben – mehr nicht, weniger aber auch nicht. Oder muss immer alles in unserer Verantwortung liegen?

Grenzen setzen

Das Wort „Verantwortung" suggeriert, dass wir für alles verantwortlich seien. Genau das zerstört Moralität und macht gutes Handeln unmöglich. Warum? Es gibt eine Differenzierung zwischen Menschen – und zwar aufgrund von Nähe und Ferne. Wie nahe ist jemand meinem Herzen? Augustinus nennt das *ordo amoris*, eine Rangordnung der Liebe. Nur ich kann meinen Kindern Vater sein; wenn der Nachbar diese Aufgabe übernähme, würde er sich etwas anmaßen. Nur ich kann meiner Frau Ehemann sein, wenn der Nachbar ... Auch wenn das Beispiel vielleicht etwas derb ist, macht es deutlich, dass wir Menschen nicht in jeder Hinsicht gleich sind und dass es Differenzen hinsichtlich der Zuständigkeit gibt. Weil nur ich meinen Kindern Vater sein kann, obliegt mir ihre Erziehung „zuförderst". Das kostet mich Aufmerksamkeit, Energie und Lebenszeit, die für andere nicht zur Verfügung stehen kann. Wenn wir etwas tun, müssen wir etwas anderes sein lassen. Wir können nicht alles tun. Für diejenigen, die uns ans Herz gewachsen sind und am nächsten stehen, sind wir intensiver verantwortlich als für Menschen in der zweiten, dritten oder fünften Reihe. Die Nachbarskinder haben einen höheren Anspruch an mich, als die Kinder aus einem anderen Stadtteil, denn Paul und Moritz sollte ich schon mit Namen kennen und ansprechen. Übrigens merken wir diese Nähe besonders intensiv in der Ferne. Dann freuen wir uns, wenn wir ein Auto mit unserem Ortskennzeichen sehen.

Die *ordo amoris* strukturiert, differenziert und präzisiert unsere Pflichten. Die Bibel formuliert die Frage nach der

Verantwortung etwas anders – „Wer ist mein Nächster?" – und stellt sie in den Mittelpunkt, weil dem Nächsten meine Liebe gilt. Deutlich sagt Gott, dass wir für den Nächsten da sind und nicht für den Fernsten; deutlich sagt Gott, dass es um Nächsten- und nicht um die Fernstenliebe geht, und die einzig interessante Frage ist: „Wer ist mein Nächster?"

Gleich am Anfang der Bibel wird eine Scheinfrage gestellt, mit welcher der Sprecher die Verantwortung zynisch beiseiteschiebt und einen Mord legitimieren will: „Hierauf sagte Kain zu seinem Bruder Abel: Gehen wir aufs Feld! Als sie auf dem Feld waren, griff Kain seinen Bruder Abel an und erschlug ihn. Da sprach der Herr zu Kain: Wo ist dein Bruder Abel? Er entgegnete: Ich weiß es nicht. Bin ich der Hüter meines Bruders?" (1. Mose 4,8–10). Worin unsere Verantwortung ganz konkret besteht, ist sehr klar, das wissen wir, und alles andere kommt nur als Ausrede oder ein sich absichtliches Dummstellen daher. Kain ist der Hüter seines Bruders, und das weiß er, das ist ihm klar, sonst könnte er nicht einmal diese Frage stellen. Für wen wir verantwortlich sind, sagt uns die *ordo amoris*.

Doch wer sagt uns, für wen wir nicht verantwortlich sind? Wo liegen die Grenzen oder sind wir in der Tat für alle und alles verantwortlich? Überall dort, wo Moralin gespritzt wird, überall dort, wo das Beste (statt des Guten) gewollt wird, liegen die Grenzen. Was ist damit gemeint? Für das Wohlergehen des gesamten deutschen Volkes seien die Volksgenossen zuständig und darum habe jeder Deutsche die Pflicht, Volksschädlinge zu beseitigen. Die politische Rhetorik des Dritten Reiches wollte den Deutschen ausreden, dass sie zuallererst Verantwortung für ihren Mitbürger – ohne Rücksicht darauf, ob er nun Jude ist oder nicht – tragen und erst in weiter Ferne für das deutsche Volk. Wenn das Ferne zum Nahen, wenn das Abstrakte zum Konkreten gemacht wird, entzieht sich das, was wirklich zu tun ist, zunehmend unserer Aufmerksamkeit. Ein Arzt soll eben diesen Patienten und nicht das gesamte Gesundheitssystem heilen. „Liebe deinen Nächsten", bedeutet eben nicht: „Liebe alle Menschen." Die Reichweite unserer Verantwortung wird durch die Grenzen unseres Handlungsspielraumes bestimmt.

Wer für alles offen ist, ist – um es etwas flapsig auszudrücken – nicht mehr ganz dicht. Wer für alles verantwortlich ist, ist für nichts mehr verantwortlich. Menschen sind Menschen – mit begrenzter Aufmerksamkeit und mit begrenzter Energie, einfach mit Grenzen, die es zu respektieren gilt. Außerdem lenkt die Fernstenliebe immer von der Nächstenliebe ab und inszeniert nur einen Kult der Betroffenheit – die Betroffenheitskompetenz. Alles – das kann nur Gott verantworten, denn er hält die Welt in seinen Händen, ist in allem mächtig, kennt alles und weiß, was für jeden gut ist. Wären wir für alles verantwortlich, würden wir der Hybris, der Überheblichkeit, dem schlimmsten aller Laster anheimfallen und wie Gott sein wollen. Hybris ist dumm und geht auch dumm aus.

Leiden lindern

Apropos Hybris: Bei dem Schlimmsten aller Laster – Überheblichkeit – soll auf eine Gefährdung hingewiesen sein. Insbesondere Westeuropäer unterliegen dem Perfektionswahn: Alles wollen sie so gut wie möglich – einfach perfekt, vollkommen – machen. Und in der Tat brachte und bringt die westeuropäische Zivilisation Meisterwerke hervor, weswegen uns auch der Rest der Welt schätzt. Trotzdem müssen auch wir Westeuropäer demütig eingestehen: „Vollkommenheit ist vor dem Jüngsten Gericht nicht zu erwarten." Wir werden die Welt nicht vollenden; das dürfen wir von Gott erhoffen.

Die osteuropäische Christenheit – die Orthodoxie – setzt einen anderen Akzent. Nicht die Verbesserung, Perfektionierung der Welt steht im Mittelpunkt, sondern die Linderung der Leiden. Auch wenn wir in der gerechtesten aller Welten leben würden, würde immer noch ein Kind sterben und die Mutter unter dem Tod ihres Kindes leiden. Beistand und Trauer braucht diese Mutter, damit ihr Leid gelindert wird. Traurigkeit und Scheitern, Trennung und Ablehnung wird es bis zum Jüngsten Gericht geben, und unsere Pflicht besteht darin, Leiden zu lindern, Tränen abzuwischen, auf die Sprünge zu helfen und zu beerdigen.

Gerade im Namen der Verantwortung wird auf die vollkommene Gerechtigkeit gepocht, die erst Gott herstellen kann und wird, denn er allein ist allwissend. Sterbliche Menschen werden das Leid nicht aus der Welt schaffen. Wir sterblichen und endlichen Lebewesen können aber das Ärgste verhindern, Schädigungen vermeiden und Leiden lindern. Dieser Akzent der Minimierung ermöglicht Leben, hilft dem „guten Leben" auf die Sprünge, weil er nicht überfordert. Der Wunsch nach Perfektion vernichtet hingegen Verantwortung und öffnet totalitären Ideologien Tür und Tor. Die Geschichte des 20. Jahrhunderts hat gezeigt, dass im Namen einer besseren Zukunft die schlimmsten Verbrechen verübt werden.

12
Gelassenheit

Klaus Berger

Mathearbeiten sind wohl auch heute noch ein Psycho-Drama. Besonders gegen Ende der Stunde wurden bei uns immer alle hektisch, denn allzu oft blieb man irgendwo stecken und geriet dann in Panik. Sowie das Klingelzeichen ertönte, rief dann der Mathelehrer: „Auf! Keine Zeile mehr!" Alle mussten aufstehen und konnten so nicht weiterschreiben. Es war eine schreckliche Untergangsstimmung. Mein Freund war der Schlechteste in Mathe. Er reagierte in den letzten Minuten vor Abgabe der Arbeit einmal nicht mit Panik, sondern schrieb unter die Arbeit: „Dieses Ergebnis ist falsch." Der Mathelehrer konnte ihm dafür immerhin zwei Punkte geben: wegen gelassener Selbsteinsicht.

Ort der Gelassenheit

Bei der Rückbesinnung auf die Grundlagen der Ethik, dürfen wir gelassen sein. Gelassenheit meint im Grunde eine bestimmte Art von Weisheit, die in früheren ethischen Entwürfen keine Berücksichtigung fand. Zum einen ist Gelassenheit gegenüber dem angebracht, was wir nicht ändern können. Sie gilt aber auch gegenüber dem, was wir *nicht mehr* ändern können, außer wenn es um eigene Schuld geht. Gelassenheit ist der Gegensatz zu hektischer Betriebsamkeit, zu Aktionismus und nicht zuletzt zu Angst. Denn Handeln aus Hektik, Aktionismus oder gar Angst heraus ist oft kurzlebig und blind. Die Größenverhältnisse werden übersehen. Es herrscht kein Vertrauen. So wird gerade dann alles, was auch nur entfernt bedrohlich aussieht, als ganz nahe Bedrohung betrachtet; zu Unrecht, wie sich dann oft zeigt. Aber woher Gelassenheit nehmen?

Vorgeschichte in der Mystik

Viele wissen noch, dass der Begriff „Gelassenheit" eine Vorgeschichte in der Mystik des Mittelalters hat und aus dieser Tradition auch heute noch Verwendung findet und aktuell ist. Schon ein kurzer Blick in das Grimm'sche Wörterbuch lässt uns fündig werden: „Gelassen: der, welcher die Welt und sich selbst gelassen und sich Gott gelassen hat." Der Begriff hat also zwei Seiten; eigentlich liegen ihm auch zwei verschiedene Bedeutungen von „lassen" zugrunde, „von denen bald die eine, bald die andere mehr hervortritt". Die erste Bedeutung von „lassen" ist demnach: Alle Dinge und sich selbst sein lassen, liegen und stehen lassen, wo sie sind, sich entfernen, auf Distanz gehen. Die andere Bedeutung von „lassen": sich überlassen, sich öffnen, gerade nicht auf Distanz gehen, sondern zur Verfügung stellen. Die erste Bedeutung bezieht sich eher auf Dinge und meint, die Gier aufgeben, alles haben zu wollen. Die zweite Bedeutung ist auf Gott gerichtet: ihm sagen: „Komm, ergreife meine Hand, mach mit mir, was du mit mir vorhast."
Und dann zitieren die Gebrüder Grimm Meister Eckhart, was ich hier verkürzt und in etwas modernerem Deutsch

wiedergebe: „Der Mensch, der also steht in Gottes Minne, der soll für sich selbst tot sein und (ebenso auch) für alle geschaffenen Dinge. Dadurch erlangt er Gleichmut in der Seele und Einigkeit mit sich selbst. Dieser Mensch also muss sich selbst und alle diese Welt gelassen haben. Das ist der Mensch, der gelassen hat und gelassen ist und nie mehr einen Blick wirft auf das, was er gelassen hat. So steht er und bleibt unbewegt und in ihm selbst unwandelbar. Ließe aber ein Mensch die ganze Welt und behielte sich selbst, so wäre er nicht gelassen."

Zwei Jahrhunderte später spricht zur Zeit der Reformation Andreas Karlstadt (1482–1541) von der allerhöchsten Tugend der Gelassenheit: „Der Heiland schalt nicht … und machte durch Gelassenheit die Zöllner sich zu Freunden … die Gelassenheit macht frei und erquickt uns nach dem Leib. Drum lebe wie ein Kind / im Schoße dieser Welt, / wart in Gelassenheit, / bis dass es Gott gefällt, / dich aus der Mutter Schoß / zum anderen mal zu ziehen." Hier meint Gelassenheit die Freiheit von der Sorge. Das Bild vom Kind im Mutterschoß gilt bis zur Geburt und jetzt bis zur Neugeburt der Welt am jüngsten Tag; die Mutter, aus deren Schoß die Menschen dann gezogen werden, ist die Erde (eben der Schoß der Welt). Und genau darum geht es in der Tradition der Aussagen über die Gelassenheit: um Freiheit, Stabilität, Vertrauen, Geborgenheit. Gelassenheit ist eine weltliche Ausdrucksform von großer Geborgenheit und großem, tiefem Gottvertrauen.

Eine Form der Freiheit

Gelassenheit ist die Freiheit des Handelnden, die er sich bewahrt, und zwar in Richtung Nicht-Handeln. Es gibt Gelassenheit gegenüber sich selbst; sie besteht darin, dass man nicht meint, alles selbst ändern zu können oder zu müssen. Die Gelassenheit ist daher mit der Demut verwandt, denn im Zeichen der Gelassenheit ist der Einzelne eben nicht das Haupt-Aktionszentrum der Welt. Der Gelassene ist deshalb auch der Meinung, dass er nicht unersetzbar ist. Andere werden das tun oder fortsetzen, was er nicht tun konnte.

Besonders nötig und schwierig ist Gelassenheit gegenüber den Leiden, die im Laufe des Lebens zahlreicher zu werden pflegen. Angesichts der Leiden kommt es häufig zu der Frage: „Warum trifft es gerade mich?" Da Gelassenheit immer mit vernünftiger Einsicht zusammenhängt, wird der Versuch einer Antwort nicht an der Geltung der Naturgesetze vorbeikommen. In ihrer Erhabenheit und Unantastbarkeit stehen diese bei jeder Ursachenforschung und bei jeder Aufklärung in der Welt an erster Stelle. In der ehernen Majestät der Naturgesetze zeigt sich für den, der an den Schöpfergott glaubt (Juden, Moslems, Christen, oft auch Hindus), ein Stück der unfasslichen Hoheit und Heiligkeit Gottes. Und wenn diese Regeln nicht zu unseren Gunsten „funktionieren", sondern uns verletzen (z. B. bei Erdbeben), dann ist der Schmerz berechtigt, aber er unterscheidet sich doch sehr von dem Schmerz, der die Folge von z. B. berechtigten Schuldgefühlen ist.

Gelassenheit in Bezug auf andere Menschen betrifft nicht selten unsere Kinder und Schüler. Wenn sich jemand verantwortlich fühlt, treibt ihn das oft dazu, die anvertrauten

Menschen ständig zu kontrollieren und misstrauisch zu überwachen. Gelassenheit rührt dagegen immer aus einer bestimmten Einsicht über die eigenen Grenzen her – auch und besonders die Grenzen der Vor- und Fürsorge. Denn übertriebene Fürsorge kann auch zur Tyrannei führen. So erkennt man im Licht der Gelassenheit die Grenzen des Einflusses, die jedem gesetzt sind. Daher besteht auch ein enger Bezug (außer zu Ausgeglichenheit – *animi aequitas* – und zur Geduld – *patientia*) zur Tugend der Wohltemperiertheit *(temperantia)*, denn diese ist jeder Aufgeregtheit entgegengesetzt.

Im Rahmen des in diesem Buch präsentierten Modells einer Ethik stoßen wir bei Gelassenheit und Freude auf Elemente aus mystischer Tradition. Dabei ist von vornherein zu beachten, dass Mystik und Vernunft keine Widersprüche sind. In der Mystik geht es nicht in erster Linie um Gefühle, sondern um eine andere Art von Einsicht bzw. aktiver Mitbeteiligung des ganzen Menschen.

Die Gelassenheit steht damit an der Grenze zwischen Ethik und Psychologie. Wie wir bereits eingangs des Kapitels gesehen haben, ist sie vor allem eine kontinuierliche Mentalität und oft dem Nicht-Handeln zugetan. Sie ist als Haltung *(habitus)* eher eine Art Auffassung oder Bewältigung von Wirklichkeit. Sie ist ein subjektiver Resonanzboden für Handeln und Leiden und hat dennoch spürbare Auswirkungen in der Praxis, und zwar als (reifere) Überlegtheit, (geringere) Häufigkeit und (gesteigerte) Qualität des Handelns.

Mit der Gelassenheit ist eine Disposition beschrieben, die in gewisser Hinsicht allem Handeln vorausgeht. Dennoch kann sie eingeübt werden.

Die Gewissensethik des 19. und 20. Jahrhunderts betont sehr einseitig die exklusive Gewissensbindung des einzelnen Menschen. Demgegenüber ist zu betonen, dass eine realistischere Philosophie immer erkannt hat, dass ein Mensch, der Gutes tut, nicht mit seinem Gewissen allein ist, sondern viele „Mittäter" hat. Mehr dazu im nächsten Kapitel.

13
Können wir das Gute allein schaffen?

Klaus Berger

Wie Theologie heute aussehen könnte, habe ich in Diskussionen mit meinen Studenten (oft in der Vorlesung) erfahren. Wenn ich ein Buch schreiben muss, sind die Gespräche mit meiner Frau unersetzlich. Wenn man ein Kind erziehen will, braucht man ein ganzes Dorf. Aus einer Krise kann eine Kirche gestärkt hervorgehen, wenn sie auch ihre ärgsten Feinde als Herausforderer annimmt, auch und gerade intellektuell.

Die herkömmliche Ethik ist vielfach idealistisch. Das heißt: Gebote, Forderungen oder Ideale werden aufgestellt, und vor ihrem Hintergrund macht der Mensch dann die Erfahrung, dass er ihnen nicht gewachsen ist und scheitert.
Paulus beschreibt diese Erfahrung mit dem guten und heiligen Gesetz in seinem Brief an die Römer (7,14–18): „Das Gesetz kommt von Gott und vom Heiligen Geist bestimmt. Ich dagegen bin nur ein schwacher, sterblicher Mensch, ein Sklave, der unter der Herrschaft der Sünde steht. Meine Handlungsweise kommt mir selbst ganz fremd vor. Sie entspricht gar nicht meinem Wesen, sondern ist etwas, das ich verabscheue. Das, was ich tue, will ich also gar nicht wirklich tun, und deshalb bejahe ich das gute Gesetz voll und ganz und möchte es gern befolgen. Da nun aber die Sünde in mir

wohnt und mich lenkt, handle ich nicht selbst, sondern sie lässt mich handeln. Und weil ich ein schwacher Mensch bin, gibt es in mir nichts Gutes, und ich kann das Gute höchstens wollen, aber nicht tun."

Wilhelm von Saint-Thierry, ein Mönch des 12. Jahrhunderts, nimmt die paulinischen Gedanken auf und verschärft sie:

„So undurchdringliches Dickicht ist mein Elend in mir geworden, Herr, so riesig ist es, dass ich gar keine Einzelheiten mehr wahrnehmen und die ungeheuren Ausmaße des Ganzen nicht mehr übersehen kann. Auch jetzt wieder hat es mich – wie so oft – mit seinem dichten Nebel so dick eingehüllt, dass ich dich, Herr ... nicht sehen und nicht hören kann. Aber so ergeht es mir immer: Wenn ich mein eigenes Gewissenshaus betreten will, werde ich schon an der Tür abgewiesen ... Weil die Augen meines Herzens nichts sehen können, taste ich mich vorwärts. Doch meine brennende Sehnsucht ist schlaff und kraftlos geworden, und so stürze ich von den steilen Höhen des Aufstiegs zu dir zurück in mein tiefes Tal, falle von dir auf mich und dann noch tiefer hinunter. Der Antrieb zu dem ganzen Unternehmen ist dahin, und wie ein kümmerliches Häufchen Staub werde ich aufgewirbelt von der Erde, der Wind treibt sein Spiel mit mir. Denn alle Gedanken, Wünsche und Bedürfnisse sind nur Trugbilder. Es sind so viele, wie es Menschen gibt, wie die Zeit Sekunden hat und wie es Situationen gibt, in denen sich etwas ereignet oder zusammentrifft. In deiner Güte behältst du mich immer im Auge und tust mir Gutes. Doch meine elenden Augen blicken immer nur auf die alberne Welt. Sie sind so mit Blindheit geschlagen, dass ich in meiner Dumpfheit nicht weiß, ob und

wie ich dir vor die Augen treten kann, auch wenn ich mich vor dir natürlich nicht verbergen kann, weil du ohnehin alles siehst, was es gibt" (Meditationen 9,1–2).

Es ist gut bekannt, dass diese paulinische Linie über Augustinus und Bernhard von Clairvaux zu Martin Luther geführt hat. Die Denkrichtung hat ungewöhnlich viele Erkenntnisse über den Menschen gebracht, vor allem über die Verführbarkeit des Herzens durch böse Begierde. Aber offenbar denkt schon Paulus im Unterschied zum Alten Testament hinsichtlich des Gesetzes viel zu platonisch. Das heißt: Er begreift das Gesetz als heilige, göttliche Norm, die im Grunde Unerfüllbares fordert. Dadurch ist der Mensch aber nie in der Lage, das, was er tun soll, auch tatsächlich zu tun. Nur Gott selbst kann ihm helfen und ihn aus dieser Armut herausführen. Die Verzweiflung des Menschen angesichts der heiligen Forderung Gottes beschreibt Paulus im 7. Kapitel des Römerbriefes. Für eine biblische Fundierung seiner Deutung könnte er sich zum Beispiel auf 3. Mose 19, Vers 2 berufen: „Heilig müsst ihr sein, weil ich, der Herr, euer Gott, heilig bin." Doch das ist ganz vom Kult her gedacht, der die Ähnlichkeit von Mensch und Gott anstrebt. Dennoch es ist sehr fraglich, ob die typischen alttestamentlichen Gebote, die den Namen „Thora" tragen, als Ideale aufzufassen sind, angesichts derer dem Menschen letztlich nur die Klage von Römer 7 bleibt.

Die neuere Wissenschaft vom Alten Testament deutet dagegen das Verhältnis von Mensch und Thora nicht so kultisch oder paulinisch oder platonisch, sondern anders: Es geht nicht um Gesetze, die den Menschen schon durch ihre bloße Existenz verunsichern und verurteilen, sondern um Weisungen, um Lebens- und Überlebenshilfen, um Regeln wie aus einem Hausbuch, wie man sie früher hatte. Es geht also nicht um das Scheitern des Menschen vor Gottes Heiligkeit, sondern um Nützlichkeit oder das Gegenteil der Regeln im Alltagsleben. Die alttestamentlichen Gebote regeln das Zusammenleben und verfolgen das Ziel, „dass du lange lebest auf Erden". Jedenfalls legen die alttestamentlichen Weisungen die Vermutung nahe, dass der Weg „Hier das vollkommene Gebot" – „Dort der mangelhafte Mensch" nicht der einzige Weg sein muss.

Es wäre demnach auch möglich, dass der Mensch nicht von dem ausgeht, was er soll und was er vielleicht nie von sich aus schaffen wird, sondern von dem, was er ist und was er schon bekommen hat. Dann ginge es nicht um den Triumph der Norm, sondern um die Erlösung des Menschen als Grundlage. Und es könnte ja sein, dass dieses Ausgehen von dem, was der Mensch ist und hat, gar nicht so heidnisch ist, wie es klingt, sondern dass dies eben der paulinische Weg für die Christen ist, für die also, die den Heiligen Geist empfangen haben und deren Wesen damit erneuert ist. Für solche Menschen wäre dann das, was das Gebot will, keine ihnen fremd gegenüberstehende Forderung, kein Imperativ, vor dem man nur weiterhin scheitern kann, sondern eine Entfaltung dessen, was in ihnen liegt bzw. dank der Taufe in sie hineingelegt worden ist, eine Entfaltung also ihrer geheilten Natur. Wenn es um die geheilte, reparierte Natur geht, dann beschreibt Ethik nicht das fremde Soll, sondern das, was schon von jeher eigentlich zum Menschen passt.

Voraussetzung für dieses Modell ist, dass der Mensch sich einer grundlegenden Erneuerung seines Denkens und seiner Kräfte unterzogen hat. Er ist neu gestaltet, fast könnte man sagen: neu geboren worden. Nun haben verschiedene Ansätze eine solche Erneuerung angestrebt. Die Bemühungen reichen von den antiken Mysterienreligionen („neu geboren" wird man durch eine Zeremonie der Einweihung), das frühe Christentum (Neugeburt durch die Taufe) und den Stalinismus (der neue Mensch sowjetischer Prägung) bis hin zu Esoterik (das „neue Weltalter" namens *New Age* mit friedlichen Menschen) und Psychotherapie (neuer Mensch durch neues Bewusstsein). Es besteht deutlich die Gefahr, dass man hier Allheilmittel anpreist (z. B. Abschaffung des Privateigentums), die dann oft an ganz schlichter Korruption in der Führungselite oder an grundlegender Fehleinschätzung der menschlichen Natur scheitern.

Der christliche Versuch nimmt hier insofern eine Sonderstellung ein, als dem Menschen nicht zugetraut wird, dass er die nötige Erneuerung von sich aus leistet. Diese kann nach christlicher Auffassung nur von Gott erwartet werden – so schwierig ist sie und so grundlegend muss die Erneuerung sein. Das betrifft auch schlichte Heilserwartungen wie etwa den allgemeinen Weltfrieden. Die Weise, in der Gott das herbeiführt, reicht von den Sakramenten über die wichtige Funktion von Gebeten bis hin zu großen Heiligen. Dabei herrscht auch im Christentum kein allgemeiner Fortschrittsglaube.

Folgt man dennoch Entwürfen wie dem des Zisterzienserabtes Joachim von Fiore (1130/1135–1202), so wäre eine Entwicklung anzustreben, in der das Geschwisterliche stärker wird als das Hierarchische. Das lässt sich teilweise auch über institutionelle Reformen erreichen. Vor allem aber, gerade nach Joachim, durch die stärkere Orientierung am Heiligen Geist. Eine solche liegt offensichtlich auch der Theologie weiterhin fern.

14
Freude und Leichtigkeit im guten Handeln

Klaus Berger

Ein Disput zwischen Lehrer und Schüler

Schüler: Ihr Lehrer sagt immer, vor Freude könnte man Bäume ausreißen. Das möchte ich auch gern können, auch in übertragener Hinsicht.

Lehrer: Freude kann man nicht befehlen. Aber sie ist das Kitzeln im Bauch, das einen alle Mühsal vergessen lässt. Freude macht Handeln leicht.

Schüler: Wie soll das sein, wo soll das herkommen?

Lehrer: Es ist die Aussicht auf Sieg, die eine Mannschaft trainieren lässt. Freude hat etwas mit Aussicht zu tun. Mit „Vision" und „Hoffnung".

Schüler: Der Altkanzler Helmut Schmidt hat gesagt: Wer Visionen hat, soll zum Arzt gehen. Man kann sich doch nicht selbst etwas vormachen. Wir sind doch nicht Münchhausen.

Lehrer: Große Fehler und Verbrechen geschehen aus mangelnder Freude.

Schüler: Ist das so, weil es den Menschen einfach zu langweilig wurde?

Lehrer: Ja, ich denke, Freude ist Resultat eines Rucks im Leben. Jemand gelangt von der Sucht zur Freiheit, von der Gleichgültigkeit zur Freude und vom tristen Vor-sich-Hinleben zur Liebe, zur eigenen geistigen Heimat.

Schüler: Wie kommt man zu dem Ruck?

Lehrer: Durch Ansteckung zum Beispiel. Es gibt auf allen Ebenen ansteckende Freude. Beispielsweise, wenn elfjährige Mädchen kichern oder wenn von 80 Millionen einer ein Tor geschossen hat. Oder wenn einer von den Toten auferstanden ist.

Schüler: Was hat das mit gut und böse zu tun?

Lehrer: Die Ansteckung durch Freude vertreibt die Gedanken an Betrug, List und Gewalt. Es ist das grundlegende Gefühl, „krumme Touren nicht nötig zu haben".

Schüler: Freude führt offenbar dazu, dass man Finsteres vergisst.

Lehrer: Und man vergisst auch all die Dinge, an denen man „klebt". Wenn man in einer Gesprächsrunde dazu auffordert, das Gleichnis vom Schatz im Acker nachzuerzählen, dann fehlt regelmäßig ein entscheidender Aspekt: „Voll Freude" ging der Mann hin. Wir können uns gar nicht vorstellen, dass man voll Freude alles verkauft. Denn wir hängen und kleben an unserem Besitz wie der reiche Jüngling. Und wir wissen: Dieser junge Mann war traurig, weil er sich nicht lösen konnte, weil er zur befreienden Freude nicht fähig war.

Schüler: Kann man sich alleine besser freuen oder in einer Gruppe?

Lehrer: Es ist wohl wie bei der Trauer: Gemeinsame Freude ist doppelte Freude, gemeinsam getragener Kummer ist halbierter Kummer.

Schüler: Aber wenn Paulus sagt: „Freut euch allezeit ... Ich möchte es gern wiederholen: Freut euch!" (Philipper 4,4), dann befiehlt er die Freude doch?

Lehrer: Hier haben wir es nicht mit militärischen Befehlen zu tun, hier geht es um Werbung. Das ist, als würde man sagen: „Lass dich doch dafür begeistern (oder: erwärmen), dieselbe Zeitschrift zu lesen wie ich." Freude in biblischer Hinsicht ist daher deutlich mehr Wollen als Fühlen, Wählen und nicht Zufälligkeit, Gemeinschaft und nicht einsame Regung, mehr Fest als Seelentiefe, mehr Belohnung als innerliche Regung, mehr Objektives als Subjektives, vor allem aber Klarheit und nicht Diffuses.

Schüler: Also gar keine Bauchgefühle?

Lehrer: Die Aufforderung zur Freude hat vielmehr etwas mit Werbung für Dinge zu tun, von denen man lange etwas hat und an denen man daher lange Freude hat. Denn Freude ist das Gegenteil von Unheil, Verdammnis und Schande. Wenn Jesus im Gleichnis sagt: „Komm herein zu Gott, wo alles reine Freude ist" (Matthäus 25,21.23; Übers. Berger-Nord), dann meint das den Lohn des ewigen Lebens, was Grund zur Freude ist. Es geht daher immer um Dinge, die Grund zur wahren Freude sind. Und das kann man eben befehlen, anmahnen, man kann dazu auffordern. Nicht zur Freude selbst, aber zur Wahl dieses Gutes.

Schüler: Die moderne Werbung versucht, das nachzumachen. Samstagmittags um zwei gibt es dann einen Anruf: „Herzlichen Glückwunsch, Sie haben gewonnen!" Und dann wird uns gesagt, was wir kaufen sollen. Wie gesagt, hier wird, glaube ich, etwas unglücklich nachgeahmt, was eigentlich aus dem Evangelium stammt.

Lehrer: Freude hat auch etwas Verrücktes, in der Hinsicht, dass man sich „nicht einkriegen kann" vor Freude.
Freude ist „ek-statisch", denn wer sich freut, tritt aus sich

heraus, kann sich auf segensreiche Weise für einen Augenblick lang selbst vergessen. Solche Freude heilt dadurch, dass man sich einen Augenblick selbst verlässt, dass man von allen Ängsten und Alltagssorgen Abstand gewinnt, weil man „ganz aus sich herausgehen" kann, so wie wir das auch sagen, wenn jemand offen und leutselig (auch hier: selig) anderen Menschen entgegenkommend begegnet. Weil derjenige, der sich freut, aus dem Mauerwerk seiner Sorgen und Nöte heraustritt, das ihn umgibt, heißt es hier in Philipper 4, Vers 6 nach der Aufforderung zur Freude ganz konsequent: „Sorgt euch um nichts, denn ihr könnt ja beten." Denn die Dimension des Gebets gehört derselben Wirklichkeit an wie die Freude.

Schüler: Sie haben den sozialen Aspekt hervorgehoben, die gemeinschaftliche Freude. Das war für mich neu. Soll ich dabei an die Hochzeit von Kana denken, Jesu erstes Wunder, wo pro Kopf 70 Liter Wein heraussprangen?

Lehrer: Für die Freude nach orientalischer Weisheit gilt: Dabeisein ist alles, nicht innerliche Empfindungen. So ist Freude ein klares, positives Verhalten als Dabeisein im Miteinander.

Die Freude hat eine Entsprechung in der Freiheit vom Sorgen. Denn hier geht es nicht darum, dass man sich keine Sorgen machen soll, etwa in dem Sinne: „Nichts mache euch Sorge."

Schüler: Stimmt es wirklich, dass böses Handeln und Freude nicht zusammenpassen?

Lehrer: Wer böse Gedanken hegt, kann sich des Lebens nicht erfreuen, da er für Freude keine Zeit hat, sondern stattdessen geballten Genuss haben will. Er will in einem

Augenblick raffen, wahre Freude aber erfordert Zeit, auch um zuzuschauen und um sich umzuschauen.

Schüler: Ich habe gelernt, Böses besteht eigentlich darin, dass man das Gute, das man empfangen hat, nicht weitergeben, sondern für sich allein behalten will.

Lehrer: Da hast du ganz recht. Wer böse Gedanken ausbrütet, kann Leben nicht weitergeben, denn er lässt den Lebensstrom bei sich versickern. Er hat kein Verhältnis zur Zukunft, die Leben selbst will. Er kennt nur sich und hat keinen Blick dafür, dass ein sinnerfülltes Leben allemal darin besteht, Leben auch weiterzugeben. Böses beim Wahrnehmen des Gegenübers ist beispielsweise die mangelnde Sensibilität für seelische Gesundheit, Sünde gegen die Lebensfreude ist die Verwechslung von Fressen und Esskultur, Sünde gegen die Weitergabe von Leben ist die systematische Verhütung von Nachkommen.

Schüler: Ich habe mal das schöne Wort von der „Leichtigkeit des Seins" aufgeschnappt. Hat das etwas mit Freude zu tun?

Lehrer: „Leichtigkeit des Seins" ist Freude – und umgekehrt. Dem entspricht, wenn Bernhard von Clairvaux sagt: „Die Heiterkeit (*serenitas*), die wir erhoffen, entspricht der Leichtigkeit (*facilitas*), mit der wir erschaffen wurden." An diesem Satz beeindruckt nicht nur, dass die spielerische Freiheit des Schöpfers auch den Geschöpfen verheißen wird. Beeindruckend ist auch die Entsprechung von Anfang und Ende. Am Ende hat Gott allen das mitgeteilt, was er selbst von Beginn an austeilen will.

Schüler: Einwand: Von Simone Weil stammt der Ausspruch: „Der Buddha hat dem Christus das Lächeln voraus, der Christus dem Buddha die Tränen."

Lehrer: Dieser Satz ist meines Erachtens falsch. Man kann nicht sagen, dass Freude für die christliche Spiritualität nicht typisch sei. Vielmehr gilt: Der Heilige Geist will trennende Unterschiede beseitigen, der Buddhismus die Person selbst; der Heilige Geist will den Egoismus aufheben, der Buddhismus das Ego. Jede Person ist nach christlicher Auffassung so kostbar, dass Gott um ihretwillen seinen Sohn gesandt hat. Das Lächeln des Buddha ist hingegen weltenthoben, es zielt ab auf die Aufhebung aller Gestalt. Die Freude des Heiligen Geistes ist Lachen und Freude miteinander. Im Buddhismus wird der Mensch selbst zum Lachen.

Schüler: Diese Überlegungen gehören hierher, weil Buddhismus ja keine Religion ist, sondern ein bestimmtes Bild des Menschen vermittelt, das dort sehr einflussreich wird, wo Christentum nur aus frommen Sprüchen zu bestehen scheint. Aber findet man nicht bei beiden die Dimension der Innerlichkeit?

Lehrer: Freude bedeutet nicht „innerliches Vergnügtsein", sondern einen bestimmten Lebensstil. Daher hat man ganz zutreffend gesagt: Im Mittelalter gab es eine Kultur des Festes und des Feierns. Die Freude hat als Festfreude eine soziale Dimension – wie auch die Trauer, die nichts Privates ist.

Schüler: Aber wenn Freude etwas Ekstatisches hat, wie ist dann das Verhältnis zur Zukunft?

Lehrer: Sie wird größer durch Teilen, sie bedeutet Anteilhabe am Begegnenden, die Wiederholung (z. B. im Fest) ist ihr Grundgesetz, sie hebt die Grenzen zwischen Diesseits und Jenseits, zwischen Zukunft und Gegenwart und zwischen Gott und Mensch partiell auf. Sie ist eine kommunikative Wirklichkeit und besitzt so eine natürliche Nähe zur „Liebe".

Schüler: Jetzt verstehe ich, warum die Freude speziell das ethische Handeln begünstigt.

Lehrer: Freude hat im Zeitablauf immer einen auf das Ende hin angelegten Charakter. Sie bezieht sich jedenfalls immer auf das Resultat. Freilich muss dieses nicht streng zeitlich als Nacheinander aufgefasst werden, sondern kann auch in Schichten gedacht sein, die übereinander gelagert sind. Hier ein Beispiel: Freude gibt es auch schon im Leiden. Freude hat immer auch eine ästhetische Dimension; das kommt in den Metaphern zur Geltung, die oft von Licht und Herrlichkeit sprechen.

Schüler: Diese Verbindung zur Schönheit ist mir wichtig. Denn ich begreife Ethik nicht vom Sollen her (das letztlich unerfüllbar und unerreichbar ist, weswegen das Resultat immer die Frustration über sich selbst ist), sondern von der Schönheit der Ordnung. Ordnung hat daher für mich, wenn man dabei nicht an einen Polizeistaat denkt, sondern an die Schönheit einer Kathedrale oder einer Kantate von Bach, etwas Begeisterndes und Faszinierendes. Und das „tut meinem Handeln einfach gut", würde Andreas Fritzsche sagen.

15
Überforderung – Unterforderung

Klaus Berger

Unterfordert sind die Menschen regelmäßig in den Medien, dessen Geschmack und Niveau zum Maßstab gemacht werden: Morgens, meint man, seien die Leute nur für Zeichentrickfilme empfänglich. Ich jedoch habe meine Vorlesungen in Leiden auf einem mittelalterlichen „Lehrstuhl" in einem Raum mit passendem gotischem Gewölbe oft morgens um 7 begonnen. Keiner fühlte sich überfordert. Marcel Reich-Ranicki beklagte sich in einem Interview zum 90. Geburtstag mit Recht darüber, im Fernsehen „liefen nur Tiere herum".
Oft habe ich es in Familiengottesdiensten erlebt, dass sich nicht nur die Erwachsenen, sondern auch die Kinder unterfordert fühlten – wenn man zum oft behandelten Thema „Turmbau zu Babel" Bauklötze heranschafft und der triumphale Abschluss des Gottesdienstes darin besteht, dass der Turm zusammenkracht. Als ob wir das nicht geahnt hätten! Aber dafür der ganze Aufwand? Oder der Pfarrer, der Jahr für Jahr, Sonntag für Sonntag alle Predigten aus einer Beispielsammlung bestritt, in der 40 Beispiele standen. Die Gemeinde konnte die Texte irgendwann auswendig und irgendjemand meinte: „Wenn uns die Kirche so für dumm verkauft …" Viele Kirchengemeinden leiden darunter, dass die Kirchenbesucher intellektuell unterfordert sind und deshalb wegbleiben.
Unterforderung scheint einen stärkeren negativen Einfluss zu haben als Überforderung, da sie die Menschen lustlos

und übermütig macht. Am Phänomen des „hochbegabten Kindes", das in der Schule intellektuell unterfordert ist, kann man oft genug erleben, dass alle unter großen Frustrationen leiden müssen.

Wenn wir hingegen die Bergpredigt von Jesus (Kapitel 5–7 des Matthäusevangeliums) lesen, stellen wir fest, dass beispielsweise Racheverzicht und Feindesliebe uns im Grunde überfordern. Diese Ethik taugt noch nicht einmal für den Kindergarten. Wer jedoch ständig überfordert wird, der wird mutlos, da er vor der Höhe der Forderung nur einknicken kann. Ebenso hat sich gezeigt, dass etwa die Ethik des radikalen Besitzverzichts nicht durchzuhalten ist, denn auf gewisse materielle Ressourcen ist selbst eine kleine Gemeinschaft angewiesen, weil sie sich im Rahmen der Nächstenliebe um Kranke und Schwache kümmern muss, und zwar auch in den eigenen Reihen.

Die moralische Überforderung, der sich viele Christen – gerade im Unterschied zur übrigen Gesellschaft – hingegen ausgesetzt sehen, ist ebenfalls zu einem ernsthaften Problem geworden. Das Verbot der Wiederheirat nach Ehescheidung ist beispielsweise im Neuen Testament ausgeprägt, und zwar in den Aussagen von Jesus. Doch nur wenige in der Gesellschaft respektieren dies. Man rät daher der Kirche, ihre steile Forderung aufzugeben und sich den Bedürfnissen der Menschen anzupassen. Das Gleiche gilt schon lange für das Ideal der Jungfräulichkeit bis zur Ehe. Hier kann man die Beobachtung machen, dass sich sehr gut situierte und sehr begehrenswerte Jugendliche eine Jungfräulichkeit bis zur Ehe noch „leisten" können. Es geht daher auch um die Wertschätzung seiner selbst und der Moral im Verhältnis zum

Gesamtwert einer Beziehung. Gleiches fordert man auch für das Zölibat. Für Versprechen, die lebenslänglich gelten sollen, zeigt unsere Gesellschaft kein Verständnis. Man hat sich daher in diesen Punkten im Großen und Ganzen auf die Wünsche der Menschen eingestellt.

Christen, die sich eng an die Vorgaben der Bibel halten, werfen jedoch der Mehrheit der Volkskirche und vielen Geistlichen, die irgendwie nachgeben müssen, vor, es werde eine „permissive" Moral praktiziert. Auch viele Eltern sind in ihren Auffassungen von Sexualmoral mit der Frage konfrontiert, inwiefern ihre Überzeugungen noch haltbar sind. In der Tat ist jeder (Lehrer und) Seelsorger ständig mit der Frage konfrontiert, ob er bei den moralischen Grundsätzen bleiben oder den Menschen in ihren Übertretungen nachgeben soll, damit sie wenigstens „der Institution" (z. B. der Kirche) erhalten bleiben. Diese Entscheidung fällt keineswegs leicht, wodurch die Vertreter älterer moralischer Standpunkte notorisch überfordert sind. Gilt hier noch der Grundsatz, dass Überforderung immer besser ist als Unterforderung? Oder laufen der Kirche die Leute davon, weil ihre Moralvorstellungen antiquiert sind?

Welche Bedeutung können heute noch Ideale, ideale Vorbilder und eine radikale Moral haben? Es gibt das, was man seelsorgerlichen Erfolg nennt, und es gibt andererseits etwas, das damit oft genug in Konflikt gerät: die Bewahrung von Substanz und Identität. Es geht immer wieder um die Frage nach dem Verhältnis von Erfolg oder Misserfolg einerseits und der Bewahrung der Identität, des Charakters und der Eigenart einer Tradition andererseits. Priester legten seit 50 Jahren die priesterliche Kleidung ab, um den Menschen nahe zu sein, was diese als positiv empfunden haben. Aber damit verschwand andererseits ein Stück Zeugnis für das Evangelium aus unseren Straßen. Mausgrau und unauffällig kann die Botschaft nicht sein.

Es war lange Zeit üblich, das, was ich hier „Erfolg" genannt habe, misstrauisch zu beäugen oder schlechtzureden. Der Priester, der den Menschen nahe sein wollte, galt als jemand, der sich anbiedert. Aber mittlerweile hat die Abstimmung der Menschen mit den Füßen ergeben, dass diese weite Öffnung für viele Menschen in der Mitte und am Rande der Kirche ein Zeichen ist, auf das sie nicht verzichten können. Die Menschen meinen es wirklich ernst mit ihren Forderungen, die Kirche solle moderner werden. Und wenn diese es nicht wird oder werden kann, bleiben die Menschen weg.

Es ist ein Teufelskreis: Die Menschen fordern oder erwarten ein Aufgeben alter Bastionen oder Positionen, und wenn sich ihre Forderung nicht erfüllt, bleiben sie weg. Aber wenn die Wünsche erfüllt werden, bleiben sie noch viel schneller weg, weil jeder Wunschzettel im Prinzip endlos ist. Wir sagen immer, man könne die eigentliche Identität nicht auf Dauer aufgeben. Aber wo es geschieht, stellt sich der Erfolg ein. Wir wenden ein: „Das wird nicht lange anhalten." Aber während wir darüber streiten, sterben die Menschen.

Gäbe es eine Volksabstimmung über das 6. Gebot, in dem es um das Ehebrechen geht, dieses Gebot würde fallen – unter großem Beifall der Medien. Der Erfolg wäre sicher genauso groß wie bei der Gründung einer Anti-Steuer-Partei. Darüber hinaus gilt auch allgemein: Wer die Menschen durch Fremdheit abschreckt, beraubt sich der Chance, dass das Evangelium sie überhaupt noch jemals erreicht.

Gibt es Regeln für diese Gratwanderung? Wo soll man nachgeben, wo am Bestehenden festhalten? Die Kommunikationswissenschaft kennt für das Übersetzen, also die Weitergabe von Zeichen, drei Loyalitäten: gegenüber den Autoren der Ausgangstexte (hier: Bibel und kirchliche Tradition), gegenüber den Adressaten der Übersetzung (hier: gegenwärtige Menschheit) und gegenüber dem Auftraggeber (hier: Bischof und Weltkirche). Der Weg zwischen diesen Loyalitäten ist, wie gesagt, eine Gratwanderung. Es ist nicht von vornherein klar, ob man nur der Tradition oder nur den Wünschen der Jugend oder nur dem folgen sollte, was „von oben verordnet" ist. So wird man unterscheiden müssen zwischen dem, was das Glauben erleichtert (etwa eine gute Erklärung), und dem, was ihn einebnet; zwischen bloßer Gleichgültigkeit und überflüssigen Lasten, die man den Menschen nicht zusätzlich aufbürden sollte einerseits; zwischen dem, was nur Show ist, und mütterlichen Zügen der Kirche andererseits. Vor 50 Jahren (und zum Teil bis heute) meinten Priester freilich oft, Menschen seien schon gewonnen, wenn ein Priester erkennen lässt, dass er auch nur ein Mensch ist. Was sicher überhaupt nicht ausreicht.

So sind wir unversehens in eine Kirchen-Diskussion hineingeraten. Aber gerade Skandale zeigen, wie sehr die Menschen im Bereich der Ethik auf die Glaubwürdigkeit von Kirchen angewiesen sind. Daher bietet das Dilemma, in dem sich die Kirchen wiederfinden, wenn es um die Vermittlung moralischer Anforderungen geht, einen guten Anhaltspunkt für Lehrer und Eltern, die sich ebenfalls auf dieser Gratwanderung befinden. Aus meiner Sicht sieht es so aus, als sei der zum Teil bereits vollständige Verlust moralischer Vorstellungen nur durch die fällige Wiederentdeckung einer vormoralischen Kategorie auszugleichen und wiedergutzumachen. Diese Kategorie ist das Heilige. Noch hören Jugendliche interessiert zu, wenn man ihnen erklärt, etwas sei einem „heilig". Sie sind gar nicht abgeneigt, über die strikte Verbindlichkeit unverrückbarer Tabus nachzudenken, wenn man diese denn glaubwürdig erklärt. Noch kann man diese Chance nutzen. Noch haben viele die geheime Sehnsucht nach etwas Heiligem. Hoffen wir, dass es sich dabei um etwas unausrottbar „Archetypisches" handelt.

III. Schritt: Das Ziel

16
Was macht uns kaputt?
Andreas Fritzsche

- Einseitigkeit
- Unaufmerksamkeit
- Eile
- Kreisen um sich selbst
- Lieblosigkeit

Der lateinische Name für Laster ist *vitia* und wird von der Verbform *vitio* abgeleitet, was „ich verderbe, verletze, schädige, schände" bedeutet und unsere Frage ganz genau trifft: Was macht uns kaputt? Laster, wie die oben genannten, machen uns kaputt, weil sie dafür sorgen, dass unser Wesen einseitig wird, und weil sie die Liebe in unserem Herzen und so die Liebesfähigkeit zerstören. Doch dazu gleich mehr.

Einseitigkeit

Als ich bei der Nationalen Volksarmee meinen Dienst ableistete, wurden wir natürlich auch verpflegt. In der Regel lief dies folgendermaßen ab: Wir marschierten zum Speisesaal, stellten uns an und bekamen das Essen, was bisweilen dauern konnte. Dann kam der Befehl „Essen fassen" und wir begannen zu löffeln. Nach einer Weile kam der Befehl „Essenfassen beenden", und dann mussten wir den Löffel fallen lassen, egal, wie viel wir gegessen hatten oder ob wir satt waren. Irgendwie fand ich das nicht in Ordnung. Warum eigentlich?

Wenn Menschen essen, nehmen sie Nahrung auf, damit sie nicht verhungern und am Leben bleiben. Wahrscheinlich unterscheidet sich das nicht viel von einem Auto an der Tankstelle. So wie das Auto Sprit zum Fahren braucht, so brauchen Menschen Nahrung, damit ihr Körper so funktioniert, wie er funktionieren soll. Genau so sah das wohl auch der Unteroffizier, wenn er befahl: „Essen fassen" oder: „Essenfassen beenden." Doch bei Menschen kommt neben der Nahrungsaufnahme noch einiges hinzu, wenn sie essen: Schmecken und Geschmack, Gespräch und Geselligkeit. Wird Essen nur auf Nahrungsaufnahme reduziert, wird es unmenschlich und macht uns kaputt.

Die Reduktion auf eine Dimension des Lebens oder auf eine Seite – Einseitigkeit – macht uns kaputt. Dann behandeln Menschen einander wie Maschinen oder Tiere.

Unaufmerksamkeit

Reduzieren Menschen ihr Wollen auf einen Aspekt, dann blenden sie die anderen Seiten aus und bekommen – fast wie angetrunkene Autofahrer – einen Tunnelblick. So kann es leicht zu einem Unfall kommen, weil die gesamte Aufmerksamkeit vom gewünschten Ergebnis aufgesogen wird. Ärgerlich ist das allemal, weil Unaufmerksamkeit Schäden nach sich zieht. Die partielle Unaufmerksamkeit beeinträchtigt und steigert das Unfallrisiko.

Richtig kaputt macht aber eine andere Unaufmerksamkeit: das absichtliche Nicht-hinschauen-Wollen. Jemand will den Schaden, den er anrichtet, gar nicht sehen, schaut wohlweislich weg. Jemand redet sich die Bedeutung seiner Wahrnehmung aus, schiebt anderes vor und geht „sehenden Auges" weiter – wie Priester und Levit im Gleichnis vom barmherzigen Samariter. Jemand will gar nicht wissen, was er anrichtet, und vernebelt seine eigene Sicht.

Rhetorisch kann man die Unaufmerksamkeit gut tarnen. Schließlich müssen wir uns ja auf die Sache konzentrieren und können nicht jedes Detail beachten und Zwischenrufe hören. Wenn diese Aufgabe erledigt sei, dann könne man sich auch um anderes kümmern. Schließlich habe man sowieso viel zu wenig Zeit, um alles gleichzeitig tun zu können. Doch das Ergebnis kann nicht geleugnet werden. Unaufmerksamkeit schadet anderen und auch dem Unaufmerksamen selbst, weil der Betreffende sein moralisches Urteilsvermögen beeinträchtigt und kaputt macht. Mit Scheuklappen lässt es sich nicht gut leben.

Eile

Der meiste Unfug passiert aus Eile. Was ist an dem Bankräuber so schlimm? Geld haben zu wollen ist nicht böse. Das wollen doch viele. Was macht der Bankräuber also falsch? Er will das Geld zu schnell. Er könnte sich ja auch mehr Zeit nehmen, arbeiten und sparen. Aber nein, er will es jetzt und sofort.

Wenn es in unserer Zeit wirklich etwas Neues gibt, dann sind es die Kommunikationstechnologien. Noch nie in der Geschichte der Menschheit wurden Informationen so schnell ausgetauscht wie heute. Zeit und Raum setzen der Kommunikation nicht länger Grenzen. Überall sind heute Menschen erreichbar und jederzeit können sie kommunizieren. Fatalerweise wird aus der Möglichkeit eine Erwartung. Auch während der Alpenwanderung – sozusagen zwischen zwei Hütten – kann übers Handy eine Frage eintreffen und im Normalfall wird eine schnelle Antwort erwartet. Kommunikation erfährt durch das technisch Machbare eine solche Beschleunigung, dass sehr viele Zeitgenossen auf die schnelle Information pochen und diese auch von sich selbst verlangen. Das kann ja durchaus sinnvoll sein, wenn Sie zum Beispiel die Feuerwehr rufen müssen. Wenn aber die Eile den Lebensstil dominiert, dann ergeht es dem Menschen wie einem Herzmuskel, und das Flimmern tritt ein: Zieht sich der Herzmuskel zusammen, pumpt er Blut durch den Körper; zieht er sich schneller zusammen, pumpt er das Blut schneller durch die Adern. Ab einer ganz bestimmten Frequenz pumpt der Herzmuskel jedoch kein Blut mehr, sondern flimmert nur noch. Das Herz arbeitet schnell, sehr schnell, zu schnell, und gerade darum kommt kein Blut mehr im Körper an. So ergeht es demjenigen, der immer schneller sein will. Hochaktiv wird er sein, aber nichts mehr bewirken und in reiner Aktivität aufgehen. Im Sächsischen sagt man auch: „Der rödelt nur noch rum."

Eile verzerrt außerdem die Urteilsfähigkeit. Sehr viele Menschen meinen, dass diejenigen Aufgaben wichtig seien, die drängeln und dringlich sind. Sie können zum Beispiel kein Telefon klingeln lassen und brechen schlagartig ein Gespräch ab, um den Telefonhörer abzuheben. Weil Eile geboten scheint, wird etwas getan, und weil eine Aufgabe drängelt, wird sie erledigt. Auf die Dauer macht diese Einstellung kaputt, weil Menschen dann nur noch reagieren und obendrein die Eile nicht das entscheidende Bewertungskriterium ist. Mausert sich die Dringlichkeit zur Dringlichkeitssucht, wird sie also nachhaltig zur schlechten Gewohnheit, macht sie uns kaputt, weil wir dann nicht mehr zur Besinnung, zur Muße oder inneren Ruhe kommen.

Kreisen um sich selbst

Wenn Menschen auf die Welt kommen, stehen sie als Säuglinge im Mittelpunkt der familiären Aufmerksamkeit. Alle Augen sind auf das Kleine gerichtet, herumgereicht wird es wie ein kleiner Gott, und das ganze Leben dreht sich zuerst um diesen kleinen Matz. Das geht auch so weiter: Wenn das Kleine größer wird, die Augen öffnet und die Welt anschaut, wird es sehen, dass es immer im Mittelpunkt der Welt steht. Die Grenzen des Blickfeldes sind die Grenzen der Welt und dieses Menschlein steht immer im Mittelpunkt der Welt. Das wird auch ein Leben lang so bleiben: Menschen stehen immer im Mittelpunkt ihrer eigenen Welt und alles andere dreht sich um sie herum. Bleiben nun Menschen infantil und verharren sie in dieser „natürlichen Egozentriertheit", nimmt ihre Entwicklung einen falschen Verlauf, und sie gehen kaputt. Was macht hier kaputt? Das ständige Kreisen um sich selbst. Jenes besorgte Fragen „Was macht das jetzt mit mir?" führt dazu, dass man sich von den anderen abwendet, was wiederum die Liebe aus dem Lot bringt. Die *aversio*, die

Abwendung, entwickelt Aversionen gegen andere Menschen und verführt zur *curvatio in seipsum*, zum permanenten Kurven ums eigene Ego.

Lieblosigkeit

Was heißt denn eigentlich „kaputt sein"? Jemand kann nicht lieben, ist schlicht und ergreifend unfähig zu lieben. Doch im Grunde wünschen sich alle sehnlichst, zu lieben und geliebt zu werden. Über die Jahre habe ich Seminarteilnehmer sehr häufig eine persönliche Wertrangordnung erstellen lassen und dann die ersten und zweiten Plätze zusammengetragen. Bei 95 % dieser Menschen stand „Liebe" auf dem ersten Platz. Menschen kennen ihr höchstes Gut und sehnen sich zutiefst nach Liebe. Darum ist es umso verwunderlicher, dass sich im praktischen Leben alles Mögliche in den Vordergrund drängt und das wirklich Wichtige, die Liebe, beiseiteschiebt. Steht die Liebe dann aber wirklich mal im Mittelpunkt, wollen wir ganz schnell und mit einem Affentempo ans Ziel kommen – zu einem unheimlich guten Gefühl: Schmetterlinge sollen in der Seele tanzen. Enttäuschung! Das funktioniert nicht. Dass dieser Tango der euphorischen Gefühle nicht jeden Tag getanzt wird, liegt wohl auf der Hand, und dann kommen einige Schlaumeier auf den zynischen Trichter: „Liebe haben die Menschen doch nur erfunden, damit sie sich nicht aus dem Fenster stürzen." Schritt für Schritt bürgern sich Lieblosigkeiten ein. Das Herz aus Fleisch und Blut versteinert und erkaltet. Am Ende steht die Unfähigkeit, andere und sich selbst zu lieben.

Das Wesen der Sünde

Sünde kommt aus dem Herzen und richtet sich gegen Gott, gegen den Nächsten und gegen sich, gegen den Handelnden selbst. Böses an sich will kaum einer; das Böse schleicht sich als eine Unordnung der Güter, Werte und Leidenschaften ein, und schließlich läuft der Wille völlig aus dem Ruder. Die Sünde verstößt gegen Vernunft, Wahrheit und Wirklichkeit sowie gegen die Liebe. Im Grunde genommen lehnt sich die Sünde gegen Gottes Liebe auf und wendet sich von ihm ab. Der Empörung über Gott folgt die Aversion gegen ihn. Das schlimmste aller Laster, der Hochmut (*superbia*, Hybris), verführt den Menschen dazu, wie Gott sein zu wollen und selbst zu bestimmen, was gut und böse ist. Liebe wird nicht mehr als Urgrund der Wirklichkeit wahrgenommen und verliert die gestaltende, formende Kraft im menschlichen Herzen. Verzerrungen, Über- und Untertreibungen, Einseitigkeiten und Chaos dominieren Herz und Wille.

„Die Sünde schafft einen Hang zur Sünde; Wiederholung der gleichen bösen Taten erzeugt das Laster. Es kommt zu verkehrten Neigungen, die das Gewissen verdunkeln und das konkrete Urteil über Gut und Böse beeinträchtigen. Die Sünde neigt dazu, sich zu wiederholen und sich zu verstärken; sie kann jedoch das sittliche Empfinden nicht völlig zerstören."*

---

* Katechismus der Katholischen Kirche

Es gibt jedoch einen Unterschied zwischen Sünde und Sünde: Manchmal rutscht uns eine Lieblosigkeit heraus und ein anderes Mal schießen wir kapitale Böcke.

Kurz und bündig kann man sagen, dass Sünden ganz praktische Irrtümer sind. Was wirklich gut ist, sehen wir nicht. Wir tun dann etwas, das nur gut aussieht. Güter, die es nicht verdienen, erstrebt zu werden, streben wir an – aus welchen Gründen auch immer. Dabei verlieren wir das aus dem Blick, was wirklich wertvoll ist. Im Grunde entscheiden wir uns für ganz Konkretes, Handfestes, Irdisches und lassen dafür das Grundlegende und Tragende liegen. Das geschieht uns laufend, und wir wissen gar nicht so richtig, wie uns das passieren kann. Wir meinen es ja nicht böse. Auf die Dauer – also nachhaltig – verlieren wir so die Fähigkeit, „gut" und „böse" voneinander zu unterscheiden, unser Gewissen wird ein Stückchen mehr zum Schweigen gebracht, und eine Neigung erwächst, die gleichen Irrtümer zu wiederholen. Dumme Gewohnheiten sind das Ergebnis von Wiederholung.

Sicher passiert einiges unter der Hand und Menschen tun einige Dinge auch unbewusst. Aber Entscheidungen treffen sie bei vollem Bewusstsein und mit freier Zustimmung; sie wenden sich sehenden Auges von Gott ab und setzen an dessen Stelle etwas Minderes. Das sind dann die kapitalen Böcke, die Menschen schießen können. Sie machen kaputt und hinterlassen tiefe Narben auf der Seele, die immer wieder aufbrechen und von Neuem nässen. Schließlich raubt uns die Sünde unsere Liebesfähigkeit und das Lebensprinzip erlischt. In Märchen ist in diesem Kontext vom Herz aus Stein die Rede – von Kälte, Härte und Tod.

In sich böse Handlungen

Der Streit darüber, ob es Taten gibt, die in sich böse sind, oder ob irgendein guter Zweck auch böse Handlungen rechtfertigt, zieht sich durch die Geschichte der Menschheit und wird sie auch in Zukunft noch begleiten. Im Kontext der Frage „Was macht uns kaputt?" gewinnt dieser Streit an Schärfe, weil wir uns hier nicht in irgendwelche Rechtfertigungen – in das Geschäft der Folgenabschätzung – flüchten können. Es gibt Handlungen, die die Güte eines Menschen nicht nur unterdrücken, sondern unkenntlich machen, vielleicht sogar zerstören. Mord, Ehebruch, sexueller Missbrauch, Folter, Meineid und Gotteslästerung sind durch nichts, durch absolut nichts, zu rechtfertigen. Es *gibt* „in sich böse" Handlungen. Da kann der Zeitgeist sich noch so lange in seine sophistische Rhetorik flüchten und Extremfälle zitieren. Auf die Dauer wirken Taten, die in sich böse sind, zerstörerisch, selbst wenn sie eine juristische Legitimität besitzen.

Nun weiß ich nicht, ob ein Beispiel angebracht ist. Trotzdem will ich es riskieren. Als Student wohnte ich gemeinsam mit meinem Freund bei einer Witwe zur Miete. Irgendwann fragten wir sie, wann sie Witwe geworden sei. „Das war in den fünfziger Jahren. Wir hatten drei kleine Kinder und wohnten hier in Micheldorf. Eines Tages sagte Helmut, dass er aufs Feld hinausgehen würde. Weil er nicht zurückkam, ging ich ihm nach und fand ihn an einem Baum aufgehängt. Ich konnte das, was geschehen war, einfach nicht verstehen. Der Helmut, den ich kannte, würde so etwas nicht tun, und er hatte auch nie eine entsprechende Andeutung gemacht. Da sagten mir die Leute im Dorf: ‚Wusstest du nicht, dass dein Helmut bei der SS war?' Vielleicht hat Helmut als SS-Mann etwas getan, das ihm jetzt erst bewusst wurde, und konnte es nicht mehr mit sich aushalten. Dann war ich ganz allein mit den drei Kindern." Wenn es jemand mit sich selbst und seinen Lieben nicht mehr aushalten kann, dann ist er kaputt; und wenn er obendrein nicht mehr hofft, dass ihn jemand retten kann, dann ist er ganz kaputt.

Viele sagen angesichts solcher Beispiele, das seien ja nur Extremfälle und über diese könne man hinwegsehen. Schlimmes passiere, weil Menschen ihren Trieben folgen und ganz egoistisch nur selbst am Leben bleiben wollen. Art- und Selbsterhaltung seien die wahren Teufel. Nur Egoismus und Wollust machen uns wirklich kaputt.

17
Wie weit darf der Trieb zur Selbsterhaltung gehen?

Klaus Berger

Die Beschäftigung mit Fragen der Ethik ist wie ein Kursus, in dem man lernt, zwischen widerstreitenden Interessen und Rechten abzuschätzen, zu gewichten, auszutarieren. Gefragt ist dann jeweils ein salomonisches Urteil (benannt nach König Salomo, der im Streit von zwei Müttern um ein Kind eine Entscheidung fällen musste). Schon in der Schule lernt man etwas über das Problem, vor das man gestellt ist, wenn nach dem Schiffbruch ein Floß nur drei Menschen tragen kann, aber vier Leute da sind. Wer ist dann zu opfern? Wem kann zugemutet werden, dass er ertrinkt? Da Politik immer mehr zur staatlichen Güterverteilung wird, ist auch hier jeden Tag über die Fragen der Mehr- oder Minderberechtigung zu entscheiden.
Folgende Modelle konkurrieren an dieser Stelle miteinander:

- *Raubtierkapitalismus bzw. unbegrenzter Liberalismus:* Der Stärkere siegt, so angeblich auch im Tierreich. Ohne jede Rücksichtnahme wird der Geschickteste überleben. Es geht daher nicht um Gerechtigkeit, sondern um steten Kampf. Dem Trieb zur Selbsterhaltung sind keine Fesseln anzulegen. Es liegt nahe, dass die Schwachen sich im Verlauf dieser Prozesse zusammentun und durch Vereinigung ebenfalls eine starke Kraft werden. Seit etwa 150 Jahren wird diese „Ethik" auch biologisch mithilfe der Hypothese von der Evolution begründet.

- *Altruismus:* Diese Haltung ist das exakte Gegenteil des unbeschränkten Liberalismus. Der Handelnde tut nichts für sich selbst oder zur Durchsetzung der eigenen Interessen. Der andere hat grundsätzlich Vorfahrt. Man spricht hier auch von Selbstlosigkeit. Gerade in karitativen Berufen ist der Altruismus (von lat. *alter* = der andere) oft das Leitmodell. Eines der Probleme ist dabei die Ausbeutung dessen, der nur auf das Wohl der Mitmenschen blickt. Diese Ausbeutung hat dann oft „teure" Konsequenzen.
- *Soziale Gerechtigkeit:* Darunter versteht man Regeln eines Ausgleichs zwischen widerstreitenden Interessen. Dabei wird vorausgesetzt: a) Alle Menschen haben ein Interesse am Überleben und insoweit sind diese Interessen grundsätzlich gleichberechtigt. b) Menschen haben unveräußerliche Rechte (Menschenrechte). c) Im Falle des Widerstreits von Interessen ist mithilfe der Vernunft eine Lösung zu finden, denn Vernunft ermöglicht am ehesten Nachvollziehbarkeit unter verschiedenen Individuen. d) Es gibt mehrere sich ergänzende Perspektiven des Handelns, die man unter dem Begriff der „Gerechtigkeit" zusammenfassen kann. Gerechtigkeit zum Maßstab des Handelns zu machen ist jedenfalls dem schrankenlosen Egoismus entgegengesetzt.

Gerechtigkeit

Sowohl im alten Griechenland als auch im Heiligen Land hat man lange und intensiv darüber nachgedacht, welches Handeln nötig ist, damit Menschen auf Dauer friedlich zusammenleben können, das heißt, die Ethik wurde in einer politischen Theorie und in politischen Programmen gegründet. Nicht das Verhalten des Menschen zu sich selbst, sondern das Miteinander erschien hier als das zentrale ethische Problem. Die Antwort darauf hieß sowohl bei den griechischen Philosophen als auch bei den Propheten Israels: Gerechtigkeit. Es ist schon sehr erstaunlich und keineswegs selbstverständlich, dass sich bei diesem Thema eine grundsätzliche Verwandtschaft zwischen beiden „Kulturen" zeigt. Diese hat die Herausbildung des europäischen Denkens, das ja auf einem Zusammenfluss von griechisch-römischem und biblischem Denken beruht, enorm geprägt und begünstigt.

In den Schriften des Alten Testaments ist ein Handeln „gerecht", das es dem jeweils anderen ermöglicht, mit mir zusammenzuleben. Gerechtigkeit verfolgt hier demnach drei Ziele zugleich: Erstens geht es um mein Handeln, das meinem Willen und meinen Interessen entspringt. Zweitens wird dieses Handeln durch den (oder: die) Mitmenschen reguliert. Es ist damit nicht autonom (nur vom eigenen Wollen bestimmt), sondern zumindest teilweise heteronom (am fremden Willen ausgerichtet). Und drittens gibt es dabei ein Kriterium, einen Maßstab: dass wir miteinander leben können. Das heißt: Austausch – also Nehmen und Geben –, gemeinsame Hoffnungen und Ziele müssen möglich sein.

Ist das nicht möglich, wird eine Gemeinschaft zerbrechen. Diese Ethik ist nicht altruistisch, denn es ist ja nicht einfach der andere, der bestimmt. Sie ist „kommunitär", gemeinschaftlich, das heißt, die Möglichkeit eines Austauschs (Dialogs) ist das Wichtigste.

Diese Auffassung zeigt sich etwa auch in Paulus' 1. Brief an die Gemeinde in Korinth (Kapitel 10): Nicht sein eigenes Interesse ist die letzte Instanz für das Handeln des Angeredeten, sondern er hat bei seiner Entscheidung auf das Gewissen des Mitchristen zu achten. Wird dieses verletzt oder belastet, darf der Angesprochene nicht einfach dem Spruch seines Gewissens folgen, sondern muss, bevor er endgültig entscheidet, erst einen Ausgleich mit dem Gewissen des Nächsten suchen. Der Trieb zur Selbsterhaltung wird daher durch die (Gewissens-)Freiheit des anderen maßgeblich reguliert.

Für die griechische Philosophie ist das Ringen um die rechte Verfassung Ausdruck der Suche nach Gerechtigkeit. Die heutigen Einteilungen von Demokratie, Oligarchie, Monarchie etc. gehen auf die „Politika" des Aristoteles zurück. Darin wird Gerechtigkeit nach dem Grundsatz „jedem das Seine" bestimmt und die Grundform des Zusammenlebens in Gerechtigkeit ist die Freundschaft. Auf diesem Weg wird Gerechtigkeit zur generellen Meta-Tugend, zur Mutter aller Tugenden.

Das paulinische Modell

Das ist auf jeden Fall auch bei Paulus der Fall. Denn nach Paulus ist zunächst Gott gerecht, indem er dem Menschen ermöglicht, mit ihm (also mit Gott) in Gemeinschaft zu sein (darin spiegelt sich der biblische Ansatz von Gerechtigkeit). Der Mensch leistet seinen Beitrag, indem er „glaubt", das heißt, Gottes gerechtes Handeln für sich annimmt, aufnimmt und an sich wirken lässt. So ist der Mensch selbst gerecht. Aber alles liegt nun daran, dass aus dieser wechselseitigen Gerechtheit etwas wird, nämlich die Geschichte einer Gemeinschaft, eines Zusammenseins von Gott und Mensch.

Der Mensch ist immer dann ungerecht, wenn er das Miteinander in dieser Gemeinschaft stört, beispielsweise wenn er Gottes Eigentumsrechte verletzt, also Heiliges zerstört, oder wenn er die Grundlage dieser Gemeinschaft selbst angreift. Dazu gehört insbesondere das Zerstören des gemeinsamen Hauses, das Gott für die Gemeinschaft von Gott und Mensch gestiftet hat. Dies geschieht, indem Menschen die Einheit der Gemeinde spalten und das gemeinsame Haus, das Gottes Geist erbaut hat, in unvergebbarer Sünde zerstören (1. Korinther 3,17). Hier wird deutlich: Wer die Grundlage angreift oder zerstört, der katapultiert sich selbst ins Aus, vor und jenseits aller Gemeinschaft in Gerechtigkeit. Es ist wie ein tätlicher Angriff auf das Grundgesetz (wobei eben der Unterschied genau darin besteht, dass Gerechtigkeit im Neuen Testament nicht durch ein Gesetz etabliert wird, sondern durch Personen, eben durch den Glaubenden, durch Gott Vater, Sohn und Heiligen Geist).

Antike und biblische Tradition beantworten also unsere Fragestellung, wieweit der Trieb zur Selbsterhaltung gehen darf, folgendermaßen: Der Maßstab ist immer die Zerstörung des gemeinsamen „Hauses" (ganz gleich, ob damit nun im Einzelfall das Leben, das Zusammenleben, der Staat usw. gemeint sind).

Wenn man sich an der Bibel orientiert, muss man sich aber immer wieder fragen, warum der Mensch es nicht schafft, „gerecht" zu sein.

18
Von der Erkenntnis zum Handeln

Klaus Berger / Andreas Fritzsche

Der Mensch steht vor der Schwierigkeit, der Unmöglichkeit, ja der relativ aussichtslosen Zumutung, nicht nur zur richtigen Erkenntnis zu gelangen, sondern auch entsprechend zu handeln. Paulus beschreibt diese Lage des Menschen in seinem Brief an die Gemeinde in Rom (Kapitel 7): Die Sünde im Menschen ist wie eine „wild gewordene" Untermieterin, die den Wohnungsinhaber entmündigt, alle Geschäfte für ihn tätigt und ihm jede Initiative nimmt. Paulus sagt dann auch, dass er dem Gesetz Gottes innerlich zustimmt, dass es ihm aber leider nicht gelingt, entsprechend zu handeln, und dass das Ergebnis so stets nur sündiges Tun ist. Diese trostlose Lage ist für Paulus eine Begegnung mit dem Tod. So ruft er in Römer 7, Vers 24: „Wer wird mich retten aus dem Leib, der diesen Tod erleiden muss?" Und die Antwort auf diese Frage ist: niemand außer Gott, und zwar durch das, was er in Jesus Christus getan und erwirkt hat.
Zugegeben: Diese Antwort ist sozusagen außerweltlich, sie ist theologisch-dogmatisch und sehr wenig anschaulich. Paulus hilft uns an dieser Stelle auf die Sprünge: Das, was Jesus getan hat, kommt uns als Glaube, Hoffnung und Liebe zugute und ist die Kraft, Zielvorstellungen in begrenztem Maße wenigstens nachjagen zu wollen.

Katarzyna – und nicht Sokrates – hat recht

Die Studentin Katarzyna aus Krakau erklärte ihren deutschen Kommilitoninnen: „In meiner Religion ist das folgendermaßen: Nicht die Vernunft gibt die Anleitung zum Handeln, sondern der Wille, und auf den Willen nehmen Leidenschaften, Begierden, Stimmungen und auch die Vernunft Einfluss. Alles kommt darauf an, den Willen beständig und fest zu machen, damit ich auch das tue, was ich tun will."

Was ist nun dieser ominöse Wille? In der Tat entdeckte Paulus etwas in der Seele des Menschen, das die Philosophie noch nicht kannte. Der Wille ist eine Kraft, und zwar eine Strebekraft, die auf etwas aus ist und den Menschen hinneigt. Die Alten nennen den Willen Vermögen, Kraft, aber auch *appetitus*. Menschen liegen auf der Lauer, sind – bewusst oder unbewusst – immer auf etwas aus und wollen etwas von dieser Welt. Der Wille wählt mehr oder weniger frei aus, entscheidet und gibt das Kommando zum Handeln. Nun ist – nach Katarzyna – die große Frage, wer im Willen das Sagen hat: Die Launen? Die Begierden? Die Begeisterung? Die Vernunft? Also, wenn ich richtig Appetit habe, hat die Vernunft schlechte Karten.

Sokrates sah das anders: Wenn ich weiß, was das Gute ist, dann tue ich es auch, oder ich habe nicht wirklich erkannt, was das Gute ist. Sokrates irrte sich, denn so funktionieren Maschinen, die wir programmieren. Sie arbeiten das Programm ab, und falls sie Ausschuss produzieren, waren sie eben falsch programmiert. Bei lebendigen Menschen, also auch bei Steinmetzen aus Athen, hat nicht nur die Vernunft das Sagen; da wollen auch Gefühle, Wünsche, Motive,

Stimmungen, Begierden, Triebe – in der Regel ungefragt – mitreden und wirken auf den Willen ein.

Die entscheidende und wirklich moralische Frage ist doch: Wie kann der Wille fest und zuverlässig gestaltet werden, sodass wir das tun, was wir auch wirklich tun wollen? Wie gehen wir mit den Stimmungen, Emotionen, Trieben und Leidenschaften so um, dass sie uns nicht lähmen, aus der Spur werfen, sondern sogar unterstützen? Gute Gewohnheiten und Charakterstärke – eben Tugenden – konfigurieren den Willen. Der Wille will trainiert sein. Die Einsicht, das heißt die praktische Vernunft, informiert den Willen, liefert die Information und kann ihn in Form bringen. Aber das ist noch nicht alles. Gewohnheiten gestalten den Charakter und der Wille kann eine gute Haltung annehmen, kann ein guter Wille werden.

Bei der Artillerie leistete ich meinen Militärdienst als Kraftfahrer ab. Der Drill ging mir damals schrecklich auf die Nerven. Mittlerweile habe ich den Eindruck, dass auch der Drill seinen Sinn hat. Kopf und Hände müssen nicht nur wissen, wie die Haubitze eingegraben, aufgebaut und ausgerichtet wird, wie die Granaten scharf gemacht und abgeschossen werden. Die Hände müssen das auch dann noch tun, wenn Panzer zwischen den Geschützen durchbrechen und Granaten in der Luft jaulen. Dann schlottern nämlich die Knie vor Angst und uns ist nur noch zum Heulen zumute. Der Wille will trainiert und sogar gedrillt sein. Dann haben wir eine Chance, dass wir auch das tun, was wir wirklich tun wollen – auch im friedlichen Leben.

Durch die Gespräche und intellektuellen Gefechte mit Klaus Berger wurde mir die ernste Lage des Menschen wirklich bewusst: Woher nehmen wir die Kraft, das Böse zu meiden und das Gute zu tun? Das Trainingsprogramm der Tugendethik reicht nicht aus, denn nicht nur in uns, sondern auch in der Öffentlichkeit toben dämonische Mächte und Gewalten. Woher nehme ich die Kraft, aus der Not eine Tugend zu machen? Woher kommt Wind in die Segel? Gott bläst uns in die Segel. Der Heilige Geist gibt die Kraft. Das ist kein frommer Schlag Sahne auf die Moral, sondern die Frage danach, welcher Geist uns treibt. Selbst die erworbenen Tugenden, so Thomas von Aquin, akquirieren wir nicht ohne den Heiligen Geist, nicht ohne sein Wirken in uns: Glaube, Hoffnung und Liebe verleihen dem Willen Kraft und Energie.

Wenn wir der Frage nachgehen, inwiefern der Mensch die Möglichkeit besitzt, gut zu sein, stoßen wir auf die anthropologische (am Menschenbild orientierte) Frage, ob „Kopf" oder „Bauch" stärker zu gewichten sind. Dazu mehr im nächsten Kapitel.

19
Vernunft und Leidenschaft

Klaus Berger

Wir alle kennen Menschen, die „aus dem Bauch heraus" Entscheidungen fällen. Diese sind oft näher bei den Menschen, nicht nur von Finanzen bestimmt. Jeder weiß, was eine Liebesheirat ist im Unterschied zu einer Zweckehe. Und jedem kann man nur eine Liebesheirat wünschen.

Das Verhältnis zwischen Vernunft (Kopf, Verstand, Ratio) und Leidenschaft (Bauch) ist ebenfalls eine Frage der Ethik. Von welcher dieser Kräfte soll der Mensch sich im Zweifelsfalle leiten lassen? Natürlich hängt alles davon ab, wie man diese Kräfte genauer bestimmt. Das ist besonders bei der „Leidenschaft" umstritten, worunter man das emotionale Vermögen des Menschen, seine Triebe oder nur die Vitaltriebe, die Affekte, die unkontrollierten Leidenschaften oder auch die Begierde(n) versteht. All diese Kräfte und Funktionen sind jedenfalls Aspekte dessen, was man zur Zeit des Neuen Testaments als *pathe* (meist übersetzt als „Leidenschaften") oder *epithymia* („Begierde") bezeichnete.
Für die damals herrschende stoische Philosophie ist dieser Begriff strikt dem des Logos entgegengesetzt. Logos ist die Weltvernunft, das Weltgesetz oder eine Art vernünftiges Gesetz in allen Dingen. Und da es eine abbildliche Entsprechung zwischen Welt und Mensch gibt, zwischen Makrokosmos und Mikrokosmos, also der großen Welt im Ganzen und der kleinen Welt, die der Mensch lebt, gibt es auch im Menschen

etwas, das der Weltvernunft entspricht, nämlich sein eigener Verstand. Vernunft/Verstand aber bedeutet Ordnung, und diese braucht die Welt, um funktionieren zu können. Die Stoiker sind daher in gewisser Hinsicht Ordnungsfanatiker. Auf diese Philosophie geht die Hochschätzung des Naturrechts zurück, also jener Grundpfeiler der Ordnung auch im menschlichen Leben, dessen Bedeutung für das Handeln des Menschen einfach evident ist; dazu gehört zum Beispiel die Bedeutung der Ehe für die Nachkommenschaft der Menschen. Es ist bekannt, dass man auch ohne Ehe Kinder bekommen und aufziehen kann. Doch die Institution „Ehe" bietet alle Vorteile, die „Recht" und „Rechtsordnung" überhaupt anzubieten haben, weshalb eben Schwule und Lesben mit großem Eifer dafür kämpften, endlich heiraten zu können. So muss in den Wechselfällen des Lebens nicht jede menschenfreundliche Ordnung neu erfunden werden. Einer meiner Freunde betreut als Seelsorger Sinti und Roma. Gerade für solche Menschen, die ohne feste Heimat sind oder waren, sind strenge Familienordnungen der einzige Halt, den sie haben.

Dieser vernünftigen Ordnung ist jedoch all das entgegengesetzt, was bloße Triebhaftigkeit bedeutet, und das sind eben die ungeordneten Leidenschaften im Menschen. Im Makrokosmos entsprechen dem die Dämonen und anderen undefinierbaren „Mächte". Wie wichtig dieses Weltbild für die gesamte abendländische Ethik geworden ist, das zeigt Paulus im Römerbrief, Kapitel 7, ab Vers 7, wo er sagt, alle Sünde habe in der Begierde ihren Ursprung. Paulus kommt als Jude darauf, weil das 10. Gebot des Dekalogs, also das wichtigste Gebot am Schluss, mit den Worten „Du sollst nicht begehren..." beginnt. Damit aber kann sich Paulus mühelos der geläufigen Anschauung anschließen, die Begierden und Triebe seien das A und O von Ungerechtigkeit und Sünde. Die Folgen dieses Ansatzes waren und sind weitreichend: Jede Art von ungeordneter Begierde galt seither als Sünde, denn die Stabilität der Welt beruht auf ihrer Ordnung.

Glücklicherweise haben nun Kirchenväter seit dem 2. Jahrhundert nach Christus gegen die Gleichsetzung von Trieb und Sünde revoltiert. Es wurde klar: Nicht dem Trieb an sich zu folgen ist Sünde, sondern die Ungerechtigkeit beginnt erst dort, wo der Trieb maßlos wird, wo er nur noch egoistisch wirkt. In diesem Fall und nur dann wird der Vitaltrieb missbraucht. Doch in Wahrheit sind Triebe lebensnotwendig und zu bejahen. Aus diesem Grund finden wir schon bei Kirchenvater Irenäus von Lyon positiv gewertete Leidenschaften. Dieser Ansatz führt bis zu Thomas von Aquin, der sagt, der Christ müsse und könne „leidenschaftlich gerecht" sein. Es gibt also eine Leidenschaft zum Guten und diese ist dann alles andere als sündig.

Heute würde man sagen: Eine Vernunft ohne Leidenschaft ist wie ein Auto ohne Motor. So hat man eigentlich erst am Ende des 2. Jahrhunderts nach Christus herausgefunden, dass die Abwertung der Emotionen und Vitaltriebe eine ungerechte Diffamierung war. Erst als die Kirche sich mit Thomas von Aquin stärker der antiken Philosophie vor der Stoa, nämlich Aristoteles, zuwandte, räumte sie den natürlichen Regungen im Menschen wieder mehr Raum ein. Seit Augustinus hatte man dagegen den Folgen der Erbsünde sehr viel zugetraut, worunter insbesondere Sexualität und Emotionen zu leiden hatten. Erst Thomas von Aquin begann damit, nicht länger so nachdrücklich auf die Korrumpierung der gesamten menschlichen Natur hinzuweisen.

Vor diesem Hintergrund kommt man zu dem Schluss, dass Vernunft und Leidenschaft keine Gegensätze, sondern aufeinander angewiesen sind. Beide sind durchaus verführbar, aber keine von beiden Größen ist *per se* schlecht oder korrumpierter als die andere. Die Emotionen stellen nicht nur die Triebkraft zur Verfügung, die die Vernunft nötig braucht. Sie haben ihre eigene Logik, die die Vernunft braucht, um nicht ungerecht und einseitig zu sein. Die Zweiteilung Vernunft–Triebe ist wahrscheinlich ohnehin ungerecht. In Wahrheit war Vernunft schon immer die mehr oder weniger (sprachlich) gepflegte Oberflächenstruktur unterschiedlichster Triebe und Emotionen.

20
Ziel ist nicht die schöne Seele, sondern der Mensch in der Herrlichkeit Gottes

Klaus Berger

Es war von Anfang an klar, dass das Ziel der Ethik nicht in ihr selbst liegt, sondern in irgendeiner Weise ästhetisch zu beschreiben ist. Die schöne Seele war das Traumziel der platonisierenden Griechen. Dann ist der Mensch schön, wahr und gut. Es ist der Einzelne, den seine Tugenden zieren. Er hat sich selbst vervollkommnet und kann stolz auf sich sein. Seine Selbstverwirklichung – intellektuell, musisch und körperlich – ist das höchste Bildungsziel. So wurde es jedenfalls am klassischen humanistischen Gymnasium vermittelt. Es ist der Mensch, der mit sich selbst eins ist und der – ganz im Sinne der Stoa – ein herrlich geordneter Mikrokosmos ist. Die schöne Seele ist die von der Vernunft beherrschte. So wie die Welt nach der Stoa als Kosmos „schön" und in sich abgeschlossen ist, so gilt das nach diesem Menschenbild auch für den Mikrokosmos Mensch. Wenn er vollendet ist, ist er in sich selbst genauso göttlich wie die Welt eben der göttliche Kosmos ist.

Dieses Menschen- und Weltbild des in sich vollkommenen und göttlichen Ganzen namens Mensch oder namens Welt hat viele Vorteile. Zu den Vorteilen gehören der bodenständige Optimismus und die Auffassung, dass dem Menschen zur Göttlichkeit nur wenig fehlt. Da es keine Transzendenz gibt, kann es das sogenannte Böse nur als Mangel geben, nicht jedoch als eine wirkliche Gegenmacht. Je stärker der Teufel und das Böse verselbstständigt und wirklich böse werden, umso leichter zerbricht das harmonische Welt- und Menschenbild der Stoa. Wir entdecken dies schon in der mächtiger und boshafter werdenden Rolle des Teufels in den Texten von Qumran, wir finden es bei Paulus und in der Offenbarung des Johannes, massiv dann unter dem Einfluss des sogenannten Manichäismus bei Augustinus und dann in der gesamten augustinischen Tradition (inklusive Luther, der Augustinermönch war) bis heute. In dieser Tradition ist das Böse nicht nur Mangel, sondern verselbstständigte Gegenmacht.

Nun liegt natürlich alles daran, wie man die Macht des Bösen einschätzt, ob gering oder mächtig. Aber nachdem das Neue Testament den Teufel „Fürst" oder „Gott dieser Welt" genannt hat, nachdem der Teufel sich vor Jesus damit brüstete, er würde alle Macht in der Welt vergeben, ist das stoische Weltbild zusammengebrochen. Die Kreuzigung Jesu gilt schon nach Paulus als Erweis der teuflischen Macht der Mächtigen in der Welt. Dieser negative Eindruck von der Geschichte ist in besonderem Maße seit dem Ersten Weltkrieg und dem Holocaust für das Geschichtsbewusstsein Europas beherrschend.

Es ist immerhin bemerkenswert, dass Ethik demnach keine abgehobene Theorie ist, sondern dass ihre Richtung doch auch wesentlich von weltgeschichtlichen Erfahrungen bestimmt wird. Ethik ist daher nicht immun gegen Geschichte, sondern viel häufiger mit einem Schiff auf den Wellen des Ozeans vergleichbar.

So will es uns scheinen, dass der Mensch nicht nur in sich zu vervollständigen ist und dass der Erste Weltkrieg und der Holocaust keine bloßen Betriebsunfälle waren, sondern Offenbarungen des Antlitzes des Bösen. Den Gegenentwurf bildet daher nicht der Versuch des Menschen, es noch einmal mit sich zu versuchen, sondern der zweifellos extreme Versuch des Gottes Israels, den Menschen durch Liebe, Kreuz und Auferstehung hindurch mit seiner eigenen Herrlichkeit auszustatten. Unter den neueren Theologen hat dies besonders Hans Urs von Balthasar in seinem Werk „Herrlichkeit" dargestellt. Demnach ist die Misere des Menschen so groß, dass nur Gottes eigene Herrlichkeit das Antlitz des Menschen und der Erde erneuern kann. In allen Punkten ist diese Rettungsaktion extrem: Die Liebe, die Jesus verkündet und vorlebt, weicht vor keinem Hass zurück. Das Kreuz, an dem Jesus stirbt, ist die schändlichste Form der Hinrichtung, die Auferstehung ist gar die Überwindung des Todes selbst. Und die Herrlichkeit, die allenthalben schon aufblitzt, ist die Verwandlung der Vergänglichkeit, Armut und Unansehnlichkeit in etwas völlig anderes. Auf dem Weg dorthin kommt der Liebe eine königliche Funktion zu. Und genau das ist der höchst glaubwürdige Angelpunkt der ganzen Geschichte.

Auf dem Weg zum Ziel liegen nun aber nicht zuletzt die stark vernachlässigten Gebiete der Berufsethik. Dazu mehr im letzten Teil des Buches.

21
Woher nehmen wir die Kraft, gut zu sein?

Klaus Berger

Die Kraft zu einer Aktivität, die etwas länger dauert, können wir seit jeher nur aus unseren Ressourcen schöpfen. Ressourcen aber sind identisch mit dem, was wir sind. Im Mittelalter hätte man gesagt: mit unserem Sein; heute sagt man: Wir können nur aus unserer gewordenen Identität leben. Das ist alles, was wir durch Herkunft und Biografie empfangen haben. Doch viel stärker, als wir ahnen, werden wir auch durch das geformt, was wir erwarten, durch unser eigenes Bild von Hoffnung und Zukunft. In der Regel denken wir bei den Ressourcen vor allem an die Vergangenheit. Doch vielleicht ist unsere Hoffnung bei dem, was uns formt, die stärkste Kraft. Deshalb sollten wir wohl häufiger über die Bilder von Zukunft, die uns bestimmen, miteinander reden und streiten. Es hat sich gezeigt, dass rein moralische Vorgaben, wie zum Beispiel der kategorische Imperativ eine ist (welcher besagt, dass die Grundsätze des Handelns die Grundlage einer allgemeinen Gesetzgebung sein könnten), dazu wenig geeignet sind. Es fehlt ihnen schlicht der Reiz der Schönheit. Nur eine Zukunft, die zugleich Ordnung *und* schön ist, die begeistert und uns durch Sehnsucht formt, wird eine vitale Macht unseres Lebens sein können.

Bei Jesus war es das neue, himmlische Jerusalem, der neue Tempel, die neue Wohnstatt Gottes mit den Menschen, die ihn begeistert und geführt hat. Deshalb kann der Verfasser des Hebräerbriefes auch schreiben (Kapitel 12, Vers 22): „Ihr seid hinzugetreten zur Stadt des lebendigen Gottes, zum Berg Sion, zur Kirche des Anfangs." Die Kraft, gut zu sein, bezieht man nicht aus dem Scheitern an moralischen Normen, nicht aus der Enttäuschung über das eigene Nicht-Genügen, sondern aus dem, was wir wurden, und aus dem, das in der Zukunft daran anknüpft. Wie bei einer Brücke, deren Pfeiler schon stehen, als Pfeiler im Strom.

22
Finale

Andreas Fritzsche

„Meide das Böse und tu das Gute!"
Psalm 34,15; 37,27

Aus einem Streitgespräch entwickelt sich eine ethische Position mit zwei Akzenten: Gottes Schöpfung dürfen wir uns anvertrauen, und wir dürfen darauf setzen, dass er es gut gemacht hat. Leib, Geist und Seele des Menschen sind gut und auch bei den Leidenschaften hatte der Teufel nicht seine Finger im Spiel. Nur mit Leidenschaft können wir Gott aus ganzem Herzen, mit all unseren Kräften lieben; und dass wir das können, dafür hat Gott gesorgt.
Nun leben wir Christen in dieser Welt mit ihrer Logik und können nicht davonlaufen. Die Zeichen der Zeit sollen wir verstehen, deuten und unterscheiden, um ein glaubwürdiges Zeugnis unserer Hoffnung zu geben. Welche Kriterien haben wir dafür? Wenn wir den Horizont ganz weit und über den Tod hinaus spannen, dann verliert der Satz „Meide das Böse und tu das Gute!" seine spießbürgerliche Bravheit. „Gut" ist das, was leben lässt – auch über den Supergau Tod hinaus. Oder um es mit anderen Worten zu sagen: „Gut" ist das, was wirklich nachhaltig leben lässt. „Böse" – das kennen wir sehr genau, denn das macht uns kaputt, und zwar ziemlich schnell. Weil das Böse so schnell „passiert", brauchen wir Verzeihung, um überhaupt ein moralisches Lebewesen sein zu können. „Wer ohne Schuld ist, der ..." – ja, den gibt

es nicht. Ohne Verzeihung können wir nicht gut leben. Wir sind geliebt und uns wird von Gott verziehen, also können wir als Geliebte leben und gut sein.

IV. Schritt: Ethik ganz praktisch

23
Ethik im Beruf oder Berufsethos
Andreas Fritzsche

Unternehmer, Mitarbeiter und große Teile der Öffentlichkeit beklagen den Werteverfall und dass die Moral in unserem Land sich verschlechtert hat. Große Unsicherheit greift um sich: „Was gilt? Wohin geht die Reise? Wer bin ich? Woran bin ich mit den anderen Menschen?" Diese Orientierungslosigkeit einfach zu beklagen oder zu jammern bringt auch nicht weiter und schon gar keine Lösung. Machen wir es doch wie der Joker im Kartenspiel: Er kann jede Karte darstellen, und darum muss sich derjenige, der diese Karte ausspielt, zwei Fragen stellen: 1. „Was wird hier gespielt?" und: 2. „Welche Rolle spiele ich in diesem Spiel?"

Der Berufsethos kann eine klare Antwort auf diese Orientierungsfragen geben und emotionale Zugehörigkeit stiften. Was ist ein „Beruf"? Auf jeden Fall kein Job, denn diesen könnte man wechseln wie Unterhosen, und niemand würde einen Arzt, der seinen Beruf als Job versteht, an seinen Blinddarm heranlassen. „Beruf" kommt von „Berufung" – jemand hat einen Ruf gehört und ist diesem gefolgt; jemand hat sein Talent entdeckt und eine Kunstfertigkeit daraus gemacht; jemand widmet sein Leben einer Aufgabe.

Was ist „Ethos"? Wenn wir handeln, wollen wir etwas bewirken – zum Beispiel ein Brillenglas schleifen. Darüber hinaus hinterlässt eine Handlung Spuren in uns. Schleifen wir häufiger Brillengläser, dann können wir das auch (mit verbundenen Augen), weil wir diese Fertigkeit erworben haben und schließlich kompetente Brillenschleifer sind. Handlungen hinterlassen im Handelnden Spuren: Kompetenzen, Charakterzüge und Gewohnheiten. Das griechische Wort für Gewohnheit heißt *ethos* – und da gibt es gute (wir nennen sie „Tugenden") und auch schlechte Gewohnheiten (wir nennen sie „Laster"). Handeln mehrere Menschen gemeinsam oder arbeiten sie zusammen, entstehen gemeinsame Gewohnheiten. Wenn wir sie fragen: „Warum macht ihr das so und nicht anders? Warum ist euch das wichtig und jenes nicht?", werden sie entgegnen: „Das ist bei uns so üblich. Das ist bei uns so Brauch." Diese gemeinsamen Gewohnheiten nennen wir Brauchtum, Sitte und, auf einen Berufsstand bezogen, „Berufsethos". Übrigens brauchen Menschen auch gemeinsame Gewohnheiten, um miteinander leben zu können, denn Menschen wollen immer wissen, woran sie miteinander sind, sie wollen einander vertrauen können.

Warum ein Berufsethos? „Gesetze sind wie Zaunlatten; jede neue Latte schafft eine neue Lücke", sagte mein Lehrer Joachim Wanke. Normen und Gesetze können Wirklichkeit nicht vollständig regeln. Auf die Haltung, die Einstellung und den Charakter kommt es an: Was bindet diese Person? Woran hängt ihr Herz? Wofür steht dieser Mensch? Einige Berufsstände wie Ärzte oder Kaufleute haben Antworten auf diese grundlegenden Fragen formuliert. Das Berufsethos des Arztes können wir im Eid des Hippokrates nachlesen und dort auch berufsspezifische Aussagen finden. Das Berufsethos des ehrbaren Kaufmanns kann man auf die drei Worte reduzieren: „Sein Wort gilt." Neben technischen oder handwerklichen Fertigkeiten geht es um moralische Haltungen, um Tugenden und gute, gemeinsame Gewohnheiten. Werte bzw. Güter werden benannt, die – berufsbedingt – besonders schutzbedürftig sind. Zum Beispiel ist der Kaufmann durch Gier besonders gefährdet. Frönt ein Kaufmann diesem Laster, verfällt er der Schande; hält er der Versuchung stand, bewahrt er seine Ehre. Das Berufsethos verfügt also über die Sanktionen „Ehre" und „Schande". Was an einem Geschäft schändlich ist, weiß der aufmerksame Kaufmann sehr wohl, und das muss ihm nicht erst ein Gesetz beibringen.

Das Berufsethos liefert Sinnbezug und Identität. Damit können wirtschaftliche Akteure Glaubwürdigkeit und Vertrauen bei Kollegen, Mitarbeitern, beim Kunden und der Öffentlichkeit gewinnen, was sich in ökonomischer Hinsicht durchaus positiv darstellt. Obendrein liefert das Berufsethos ein moralisches Fundament für die Ausbildung des Nachwuchses, denn jeder weiß, „wie der Hase läuft".

Der ehrbare Kaufmann: Sein Wort gilt

In Krisen stellen Menschen grundsätzliche Fragen, beispielsweise: „Was ist die richtige Haltung, Einstellung eines Betriebswirts?", „Was hat sich bewährt und genießt allgemeine Anerkennung?" oder: „Worauf kann ich mich verlassen?" Darum darf es nicht verwundern, dass seit der Finanzkrise über den „ehrbaren Kaufmann" gesprochen und geschrieben wird.

Im Mittelalter (insbesondere in Italien und in der Hanse) tauchten in Handelsbüchern sogenannte Tugendkataloge auf, die das Ethos eines guten, tüchtigen, ehrbaren Kaufmanns beschreiben. Was heißt Ehre? Ehre meint die öffentliche Anerkennung und Achtung. Die Ehre des hanseatischen Kaufmanns lag in den Tugenden Ehrlichkeit, Sparsamkeit, Mäßigkeit, Ordnung, Genügsamkeit, Fleiß, Demut und Treue im Wort. Wie wir bereits gesehen haben, kann man all das auch in einem Satz zusammenfassen: „Sein Wort gilt." Doch das sind noch nicht alle Tugenden, die ein solcher Kaufmann mitbringen musste:

1. Treu und Glauben
2. Redlichkeit, Aufrichtigkeit und Schweigen
3. Weitblick
4. Gerechtigkeit
5. Mut und Entschlossenheit
6. Barmherzigkeit
7. Mäßigung
8. Gemütsruhe, Ordnung, Reinlichkeit
9. Zuverlässigkeit und Pünktlichkeit

Das Gegenteil der Ehre – die Schande – wurde ebenfalls formuliert. Die Schande des Kaufmanns tritt im Wucher und Glücksspiel zutage, denn hier offenbaren sich seine Laster, zum Beispiel die Gier.

Aus dem historischen Ethos „eines ehrbaren Kaufmanns" kann für die Gegenwart ein Leitbild gewonnen werden, das Orientierung, Identität, Sinnbezug und ein klares Wertekonzept bietet. Im Kern geht es darum, dass Glaubwürdigkeit und Vertrauen die Grundlage von Interaktionen zwischen Kaufmann und Kunde, Unternehmer und Mitarbeiter, Berufsgruppe und Öffentlichkeit bilden. In der Ausbildung neuer Mitarbeiter vermittelt der „ehrbare Kaufmann" neben den fachlichen und praktischen Elementen auch ein tragendes, moralisches Verhaltensmuster.

Was steht dem „ehrbaren Kaufmann" entgegen? Was behindert dieses Ethos? Neben den persönlichen, individuellen Schwächen behindern Bürokratie, juristischer Formalismus, mangelndes Unrechtsbewusstsein, die rein „wissenschaftliche" Lehre an den Hochschulen, verdorbene Sitten in einzelnen Unternehmen und der Gesellschaft das Leben dieses Ethos. Letztlich sprechen diese Hindernisse nicht gegen ihn, sondern zeigen eher die Notwendigkeit eines solchen Leitbildes auf.

Doch wir alle wissen: Einen Menschen, dessen Wort gilt, schätzen wir sowohl geschäftlich als auch privat, und daher darf das Bemühen um ein „ehrbares" Berufsethos schon mit einigen Anstrengungen verbunden sein.

24
Zeitmanagement

Andreas Fritzsche

„Wollen wir uns über die Zeiten beklagen? Nicht die Zeiten sind gut oder schlecht. Wie wir sind, so sind auch die Zeiten. Jeder schafft sich selber seine Zeit! Lebt er gut, so ist auch die Zeit gut, die ihn umgibt! Ringen wir mit der Zeit! Gestalten wir sie! Und aus allen Zeiten werden heilige Zeiten."
Augustinus[*]

Gegenwärtig erleben wir, dass die Grenzen von Raum und Zeit sich immer weiter auflösen. Bislang wurde in der Fabrik produziert und im Bürogebäude verwaltet – in festgelegten Räumlichkeiten. Früher wurde auch zu klar definierten Zeiten gearbeitet, was von Dienstplan oder Stechuhr dokumentiert wurde. Informations- und Kommunikationstechnologie des Computerzeitalters veränderten die bisherige Eingrenzung der Arbeit jedoch grundlegend. An einem Projekt kann heute rund um den Globus gleichzeitig oder pausenlos nacheinander gearbeitet werden; die Arbeit fließt kontinuierlich. Handys und UMTS-Karten im Notebook verschaffen dem Nutzer an jedem Ort Zugang zu den Datennetzen. Sie entgrenzen den Raum der Arbeit und machen diese zu Hause, im Urlaub während einer Alpenwanderung oder im Auto vor dem Seminargebäude möglich. Die Tatsache, dass permanente Kommunikation möglich ist, erzeugt wiederum die

---

[*] Augustinus: Unvollendetes Werk über Genesis 13

entsprechende Erwartungshaltung, permanent und überall erreichbar zu sein, überall und jederzeit zu arbeiten: 24 Stunden am Tag, an sieben Tagen in der Woche, und das an jedem Ort.
Diese Situation soll nicht beklagt werden. Darum geht es an dieser Stelle nicht. Die Konsequenzen für die persönliche Lebensführung, die Selbstorganisation und die Gestaltung des Miteinanders sollen aufgezeigt und Lösungen gefunden werden. Die neuen Kommunikationstechnologien schaffen Freiräume und Handlungsmöglichkeiten, die jedoch von uns zu gestalten sind.

1. Da sich die Grenzen von Raum und Zeit auflösen, entfallen gemeinsame Gewohnheiten und Rituale. Fast alles steht zur Disposition und Gemeinsamkeiten müssen ausgehandelt werden. Die Synchronisation zwischen Menschen erfolgt nicht mehr automatisch, sie muss herbeigeführt werden.
2. Der Einzelne kann sich daher nicht auf einen gemeinsamen Rhythmus verlassen, weil arbeiten, einkaufen ... überall und jederzeit möglich sind. Er kann sich nicht einfach an gute Gewohnheiten anlehnen, sondern muss sich selbst strukturieren, wenn er ein gewisses Ziel verfolgen will.
3. Eingegrenzte Zeiten und festgelegte Orte kommunizieren gemeinsame Gewohnheiten, beschreiben für eine Gruppe von Menschen, was ihnen wichtig und was weniger wichtig ist; sie entlasten von Entscheidungen und synchronisieren. Dabei stiften sie Identität, zumindest Identifikationsmöglichkeiten.

4. Eine Vielzahl von Informationen strömt auf uns ein und hinterlässt eine irritierende Unübersichtlichkeit. Wir hätten, ja wollen es aber viel lieber schlicht und übersichtlich. Wie kann die Unübersichtlichkeit reduziert werden?
5. Angesichts grenzenloser Handlungsmöglichkeiten sind wir „zur Freiheit verdammt". Ob wir es wollen oder nicht, wir müssen uns selbst strukturieren, organisieren, verabreden und unsere Ziele definieren. Welche Orientierungsmarkierungen liegen vor? Welche Entscheidungskriterien stehen zur Verfügung? Einige empfinden diese Situation als Überforderung und fühlen sich gestresst. So sagte eine Studentin: „Vor mir liegt ein riesiger Berg und ich habe Angst davor."

Eine Alternative gibt es: Wir verweigern uns dem Entscheidungsstress und lehnen uns bedingungslos an die Konventionen des eigenen Milieus oder der augenblicklichen Mode an; wir lassen uns leben. Der Ruf nach klar strukturierten Arbeitsabläufen oder Stundenplänen wird auch immer lauter. Insofern jenes konventionelle Leben keine echte Alternative sein soll, entsteht der Anspruch: „Ich bin der Autor meines Lebens – auch im Gelingen und Scheitern; ich bin der Täter meiner Taten." Dieser Anspruch mag pubertär oder existentialistisch klingen. Dem ist aber nicht so. Bei der zentralen Frage „Will ich Autor meines Lebens sein oder lasse ich mich leben?" geht es um das Thema „Verantwortlichkeit". Weil die Antwort sich in Form einer grundlegenden Haltung, einer Herangehensweise oder eines Charakterzugs äußert, artikuliert sie sich weniger in rationalen, bewussten Aussagen, sondern eher in der Alltagsrhetorik: „Man muss ...", „Wenn ich nur mehr Zeit hätte ..." oder: „Wenn ich nur einen besseren Chef hätte ..." In dieser Hinsicht ist Sprache verräterisch. Diese Opferrhetorik gibt den Autor des Sprechens – und damit der Lebensführung – nicht zu erkennen. Konventionalismus dominiert Entscheidungen und Lebenspraxis, die Lebensführung wird aus der Hand gegeben.

Gibt es eine Alternative? Die klassische europäische Ethik macht die persönliche Lebensführung zum zentralen Thema und fragt nach den Zielen des Lebens, nach Entscheidungskriterien, nach Gestaltungsmöglichkeiten und -bedingungen, nach Methoden und guten Gewohnheiten. Diese Ethik stellt sich der Herausforderung, in einer unübersichtlichen Welt Wege und Methoden zu finden, mit denen das Leben gelingen kann. In diesem Anspruch sehe ich eine große Schnittmenge zwischen der Ethik und dem Zeitmanagement des „Work-Life-Balance": Wie kann ich mein Leben führen, sodass es ein „gutes Leben" wird?

Die folgenden Schritte verknüpfen Zeitmanagement und Ethik und diese Vorgehensweise praktiziere ich seit 2001 in Seminaren mit Studierenden, Selbständigen, Angestellten und anderen Erwachsenen. „Genau dieser philosophische Blick macht Work-Life-Balance zum Zeitmanagement der vierten Generation und so erfolgreich, denn er betrachtet das Leben als Ganzes", sagte eine Studentin.

1. Schritt: Bestandsaufnahme

Die Frage nach den Zeitdieben ermöglicht einen Anfang, denn sie hilft mir, darüber nachzudenken und Lösungen zu suchen: „Wer stiehlt mir meine Zeit? Wem gestatte ich das? Wo vergeude ich Stunden? Wie kommt das?" Studierende nennen als Zeitdiebe: Bürokratenkram, Verpflichtungen, Computer, Fernseher, Unentschiedenheit, langweilige Pflichten, Aufschieben, „auf den letzten Drücker", Ablenkungen. Im Großen und Ganzen bin also ich selbst es, der die Zeit stiehlt. Ich möchte in diesem Augenblick angenehme Erfahrungen machen, schiebe das Nötige von mir, was einen Rattenschwanz des Nacharbeitens zur Folge hat. Souveräner Umgang mit meinen Lust- und Unlustzuständen kann in diesem Fall die Therapie heißen.

Doch dieser aufmerksame Umgang mit mir selbst ist leichter gesagt, als getan. Bewährt hat sich hier eine gute Gewohnheit: Wenn wir jeden Tag die „Tagesschau" sehen, können wir uns auch selbst jeden Tag 15 Minuten persönliche „Tagesschau" gönnen: „Wie war heute mein Tag? Was hat mir Freude bereitet? Wer war eine Bereicherung? Womit hatte ich heute Schwierigkeiten?" Wie in einem Film können wir den Tag vor unserem inneren Auge vorüberziehen lassen. Menschen, die gern lesen oder schreiben, greifen dabei zum guten, alten Tagebuch.

2. Schritt: Was ist ein sinnvolles Leben?

Genügt mir der Konventionalismus als Weg des Lebens nicht, drängt sich die Frage nach dem Ziel der Reise auf. „Was will ich eigentlich und im Grunde genommen? Worauf bin ich aus?" Auf diese Frage gibt es letztlich nur eine Antwort: „Ich will ein gutes, glückliches Leben führen." Diese antike Antwort scheint heute nicht ganz verständlich zu sein, zumindest missverständlich. Darum variiere ich und formuliere es um: „ein sinnvolles Leben". Diese Antwort bringt sofort neue Fragen ins Haus: Was heißt das konkret? Was ist ein sinnvolles Leben? Lassen Sie sich von mir herausfordern, sich in den nächsten 24 Stunden auf einem Blatt Papier darüber klarzuwerden: „Wie sieht ein Leben aus, das ich als sinnvoll bezeichnen kann?" oder: „Was ist die Vision meines Lebens?" Sie könnten sich ebenfalls mit Freunden, Verwandten und vertrauenswürdigen Menschen über dieses Thema austauschen.

3. Schritt: Navigation an Prinzipien

Nicht alles ist relativ. Es gibt Dinge und Prinzipien, die auch ohne mich so sind, wie sie sind. Diese gilt es zu erkennen und zu respektieren. Zum Beispiel steht der Polarstern da, wo er steht. An ihm können wir uns orientieren und Norden ausfindig machen. Entsprechend sind auch in uns Menschen gewisse Dinge unverrückbar. Mit unseren fünf Sinnen gewinnen wir einen Zugang zur Wirklichkeit, sehen die Farben, riechen einen Duft, schmecken das Brot, hören eine Stimme und ertasten die Kastanie. Darüber hinaus gewinnen wir mit der Vernunft einen Zugang zur Wirklichkeit und können zum Beispiel das Universum als Ganzes denken.

Aber es gibt noch eine weitere Antenne zur Wirklichkeit: unsere Emotionen, das Herz. Mit dem Herz sehen wir die Dinge gut oder böse, wir wertschätzen – ob wir es wollen oder nicht – intuitiv in Situationen.

Unser Wirklichkeitsbezug gestaltet sich also sinnlich, rational und emotional.

Mit anderen Lebewesen, mit den Tieren, haben wir die Biologie als erste Natur gemeinsam. Lebewesen sind wir eben, und das spüren wir im Schmerz, im Hunger, in der Müdigkeit – im Selbsterhaltungs- und im Fortpflanzungstrieb. Als biologisches Lebewesen sind wir nicht anders als die übrigen „Tiere", und das gilt es zu respektieren. Allerdings macht sich das Menschsein nicht von selbst, denn wir sind nicht ganz und gar durch Instinkte gesteuert. Das Tier wird von seinen Trieben beherrscht, der Mensch kann aber seine Triebe beherrschen. Menschen werden wir durch Ansprache, Beziehungen, Wortgebrauch. Ohne diese zweite Natur – Kultur bzw. Zivilisation – ist nicht einmal die erste biologische Natur überlebensfähig, ohne Ansprache durch andere sterben Menschen. Menschsein ist nicht einfach irgendwann „fertig", sondern eine Aufgabe – Lebensführung, Bildung und Gestaltung.

Die Gestaltungsprinzipien kennen alle Kulturen; sie sind also kein Sondergut der europäischen Zivilisation, sondern interkulturell: Klugheit, Gerechtigkeit, Courage und Maß. Orientieren wir uns an diesen Kardinaltugenden als Handlungsprinzipien, können wir uns – im guten Sinne – selbst verwirklichen. Im Gegensatz dazu existiert auch ein Weg des Misslingens, wenn Hochmut, Vergnügungssucht, Trägheit, Zorn, Neid, Völlerei und Geiz das Handeln steuern. In dieser Hinsicht gibt es in der Tat eine Strategie des Gelingens und Scheiterns, ob mir das nun persönlich gefällt oder nicht. Zumindest gehen wir zum Beispiel dem Geizhals aus dem Weg und pflegen keine Gemeinschaft mit ihm. Die Tugendethik arbeitet das aus.

An dieser Stelle scheiden sich wiederum die Geister: Die einen können mit dem Gedankengang Pathos – Logos – Ethos nichts anfangen, den anderen öffnet er die Augen, und sie sagen, dass genau das das Zeitmanagement der vierten Generation sei. Meines Erachtens öffnet die Anerkennung dieser Prinzipien im Bereich des Zeitmanagements die Möglichkeit, uns zu navigieren und selbst zu gestalten.

4. Schritt: Navigation mit der persönlichen Wertrangordnung

Wie wir gerade gesehen haben, wird jeder von uns durch objektive Prinzipien gestaltet. Dazu kommt jedoch noch eine weitere Ebene: die Persönlichkeit. *Den* Menschen gibt es nicht; der Mensch ist nur um den Preis einer Person zu haben. Jeder Mensch hat ein individuelles Gesicht, einen einmaligen Fingerabdruck, mit dem man ihn identifizieren kann. Das zeichnet eine Person aus. Hinzu kommen persönliche Vorlieben, Eigenheiten, Gewohnheiten und Wertschätzungen. Sind es objektive Prinzipien, die ein Stück Land abstecken, so füllen die subjektiven, individuellen Besonderheiten dieses Land ganz konkret mit Persönlichkeit. Hier unterscheiden wir uns, hier sind wir nicht gleich, hier ticken wir bisweilen unterschiedlich. Die Kenntnis dieses persönlichen Fingerabdrucks ist für die Lebensführung unerlässlich: „Was ist mir wichtig? Was ist mir weniger wichtig? Was zieht mich an? Was stößt mich ab? Woran hängt mein Herz? Was ist meine Berufung?"

5. Schritt: Ziele und Aufgaben

Die Instrumente der Navigation liegen nun auf dem Tisch und können genutzt werden: ethische Prinzipien und die persönliche Wertrangordnung. Im nächsten Schritt kommt es darauf an, Ziele zu bestimmen und Aufgaben zu benennen. Hier wird es darum gehen, konkret zu werden und das Diffuse des Gemeinten zu verlassen, denn bekanntlich „ist der Weg zur Hölle mit guten Vorsätzen gepflastert": „Wo möchte ich in fünf Jahren stehen? Was will ich in fünf Jahren erreicht haben?" Bei Studierenden ist das in der Regel der Studienabschluss. Andere Menschen tun sich sehr schwer mit dieser Frage und stolpern darüber, dass sie überhaupt gestellt werden kann. Trotzdem ist eine Antwort sinnvoll, ja notwendig, und wird sich nach den vier Quadranten des „Work-Life-Balance" auffächern: Arbeit, Leib, Freundschaft und Muße. Insbesondere die Wirtschaftswissenschaften stellen für die Zieldefinition gute Methoden zur Verfügung: Coverdale-Zielfadenkreuz, SMART-Methode, die fünf W-Fragen. Je präziser das Ziel beschrieben ist, desto leichter ist es erreichbar. Die Erfahrung zeigt, dass Ziele einerseits anspruchsvoll sein, also eine Herausforderung darstellen, sollen und andererseits realistisch, das heißt erreichbar, sein müssen. Dann sind sie attraktiv, motivieren und beflügeln. In der Zielbestimmung ist also Klugheit gefragt.

„Wer nicht weiß, was er will, mit dem machen die anderen, was sie wollen", sagte einmal mein Fraktionsvorsitzender. „In Worte fassen", lautet die Empfehlung. Schreiben Sie Ihre langfristigen und mittelfristigen Ziele auf, die zu Aufgaben auf der Zeitachse „Jahr", „Monat", „Woche", „Tag" und „Stunde" werden, und gönnen Sie sich ein mehrdimensionales Leben in der Balance von Arbeit, Leib, Freundschaft und Muße.

6. Schritt: Techniken des Zeitmanagements

Hier geht es mir nicht um die Techniken, denn diese suggerieren womöglich, dass Technik oder Kompetenzen uns automatisch zu einem guten Leben führen und Entscheidungen abnehmen. „Es kommt mir so vor, als glaubten viele Menschen, durch die Nutzung technischer Hilfsmittel automatisch die Defizite in ihrem Zeitmanagement zu beseitigen. Selbst wenn ich mir den neuesten PDA mit den nützlichsten und vielseitigsten Features kaufe – eines kann und wird mir dieses Gerät nie abnehmen: das selbstständige Denken, Planen und Handeln im Sinne einer vernünftigen Work-Life-Balance", schrieb der Student Oliver Boldt in seiner Seminararbeit.

Eine schöne Technik soll dennoch genannt werden: Den schönsten und effizientesten Tagesrhythmus, den ich kenne, haben die Mönche im Kloster entwickelt. Der Tag hat mit dem Morgenlob einen Anfang und Ansporn. Die Arbeit wird alle drei Stunden durch den gemeinsamen Chorgesang ästhetisch unterbrochen – *ora et labora* („Bete und arbeite"). Schließlich wird der Tag im Gottesdienst abgeschlossen, „vollendet" (Komplet). Das ist ein schöner Rhythmus in der Balance von Arbeit, Leib, Freundschaft und Muße.

8. Schritt: Gelassenheit

Gegen Ende unseres Gedankengangs über Zeitmanagement möchte ich die Aufmerksamkeit noch auf eine wichtige Frage lenken: Wie soll ich mich zu den Dingen verhalten, die ich grundsätzlich nicht ändern kann? Dabei denke ich an Schicksal, Gegebenheiten, Verwandte, meine Biografie, Kollegen – eben an die Wirklichkeit. Welche Haltung nehme ich ihnen gegenüber ein? Gelassenheit. Der Gelassene lässt sein, er respektiert die Wirklichkeit, so wie sie ist, und sagt „ja" zu ihr, auch wenn er sie für verbesserungswürdig hält. Im Kern geht es darum, dass wir erst dann sinnvoll handeln können, wenn wir uns selbst und die Welt respektieren oder gar bejahen, eben akzeptieren. Wir sind ja nicht Götter, die ohne Vorlage oder Material – sozusagen *ex nihilo* – etwas grundsätzlich Neues schaffen könnten. Ohne diesen Respekt, ohne die Zustimmung zur Wirklichkeit enden unsere Handlungen entweder im pubertären „Ich will aber" oder im spießbürgerlichen „Lass mich in Ruhe".

„Das Pferd macht den Mist in dem Stall, und obgleich der Mist Unsauberkeit und üblen Geruch an sich hat, so zieht doch dasselbe Pferd denselben Mist mit großer Mühe auf das Feld; und daraus wächst der edle schöne Weizen und der edle süße Wein, der niemals so wüchse, wäre der Mist nicht da. Nun, dein Mist, das sind deine eigenen Mängel, die du nicht beseitigen, nicht überwinden noch ablegen kannst, die trage mit Mühe und Fleiß auf den Acker des liebreichen Willen Gottes in rechter Gelassenheit deiner selbst. Streue deinen Mist auf dieses edle Feld, daraus sprießt ohne allen Zweifel in demütiger Gelassenheit edle, wonnige Frucht auf."
Johannes Tauler (deutscher Mystiker aus dem 13. Jahrhundert)

Der Gelassene lebt aus dem Geschenk des Glaubens, der Hoffnung und der Liebe, denn er kann der Wirklichkeit zustimmen und darauf vertrauen, dass alles zu einem guten Ende kommen wird.

**Auf den Punkt gebracht:
Die Ethik im Bereich des Zeitmanagements**

Die Frage der Lebensführung ist die Frage der Ethik schlechthin: „Wie kann ich gut leben?" Bei den Menschen, die sich um Zeitmanagement bemühen, wird diese Frage akut, weil sie unter Zeitnot leiden, weil sie die Bereiche des Lebens ordnen wollen und weil ihnen Klarheit wichtig geworden ist. Ethik hat sich hier zu bewähren.

In unserer superschnellen Zeit brauchen wir also weniger Uhren; wir brauchen vielmehr einen Kompass, damit wir auch mit hoher Geschwindigkeit in die richtige Richtung laufen. Je größer die Geschwindigkeit, desto wichtiger die Navigation.

Über die Autoren

Prof. Dr. Klaus Berger ist Theologe. 28 Jahre war er Professor für Neutestamentliche Theologie an der Evangelisch-Theologischen Fakultät der Universität Heidelberg. Als einer der führenden Neutestamentler publizierte er neben vielen Monografien und Fachaufsätzen auch zahlreiche Beiträge für die „Frankfurter Allgemeine Zeitung". Sein Buch über Jesus wurde zum Bestseller.

Dr. Andreas Fritzsche ist Philosoph und Theologe. Die Akademie der Diözese Hildesheim leitete er zwölf Jahre als Direktor und war in Goslar Ratsherr. An der Leuphana Universität Lüneburg verantwortet er den „Offenen Hörsaal" und lehrt verschiedene Fachgebiete. Unternehmen und soziale Einrichtungen berät und begleitet Fritzsche in Zukunftsprozessen. Er ist verheiratet und Vater von vier Kindern.